ドミニック・ローホー
原 秋子＝訳

屋根ひとつ お茶一杯

魂を満たす
小さな暮らし方

講談社

はじめに

パリ市内のアパルトマンには必ず屋根裏部屋が設《しつら》えてあり、そこには昔、裕福なブルジョワ宅で働く使用人が住むことになっていました。

私はそんな屋根裏部屋を探していました。そして運よく最初に見学した物件が私の求めていたとおりの部屋だったのです。

日当たりのよい14m²の部屋の天井には梁《はり》が露《あらわ》になっていて、大きな窓から望む眺めは息を飲むようでした。マレ地区（パリ3区）のテンプルスクエアという公園が真下に見下ろせ、さらにノートルダム寺院の一角も見えます。でも何よりも圧巻だったのが空の色。果てしなくグレイなパリの空の色が、建物の銀鼠《ぎんねず》色のトタン屋根の色に溶け込んで見せる色のグラデーション……。

その部屋に入ったとたん、私は購入を決断したのです。

私が屋根裏部屋に住みたいと思ったのは、一本の映画との出合いからでした。

パリで観た、宮崎駿《みやざきはやお》監督のアニメーション映画『魔女の宅急便』です。ストーリーもさることながら、主人公キキが住んでいた小さな屋根裏部屋を見て、改めて私の望んでいたものに気づいたのです。

小さなベッド、板張りの床、そしてその部屋が醸しだす何やら楽しげな雰囲気が、私に新しくもあり、デジャブのような場面をも彷彿とさせたのです。自分のための小さな部屋が欲しい。それはまるで先祖代々から受け継がれてきた欲求のようでした。

売買契約をすまし、鍵をもらうと、今度はひとりでその部屋に行ってみました。

自分だけの隠れ家に入り、中から鍵を閉めて外界をシャットアウトするという感覚。

そこには自由、安らぎ、平穏がある。誰からも邪魔されず、人生に何が起ころうと自分はここで守られている、そう、自分を宿す屋根がある、という感覚。

前のオーナーは貧乏な振付師でしたが、親切にもベッドを残していってくれました。ふだんはすぐに寝つけない私ですが、不思議なことに、そこに横たわるとすぐに寝入ってしまったのです。

そして、何年経ってもこの小さな天国を訪れるたびに、最初の日の感動が蘇ります。それはなんとも言えない穏やかな気持ちと深い喜びです。

衣食住と言いますが、衣食はオシャレをする、食事を楽しむというように、自由を実現しやすいのに、住はそのために人を不自由にすることが少なくありません。「住む」ことが、自由な生活の前提条件であってほしいとつねづね考えていました。

住まいが私たちにもたらすべきものは、まずは体と精神の安らぎです。私たちは、仕事中でも、それ以外の時間でも、生きる喜びを存分に味わえるように、エネルギーの器を満たしておく必要があります。住まいとは、それを可能にするための、何よりも安らぎと喜びの源であるべきなのです。

あなたの家は、そこにいるだけで幸せを感じ、エネルギーが湧いてくるような家でしょうか？　それとも反対にエネルギーが奪われていく気がしますか？

誰しも、必ず「家」というものを持っています。でもそれは自分に適した、身の丈に合った家でしょうか？

こうしたことに気づいていなくても、私たちは想像以上に今住んでいる「家」の影響を受けているのです。「家」がなければ、健康を損ね、もしかすると生命さえも失いかねません。しかし、自分のエネルギーを満たしてくれる「家」を見つけることはそうたやすいことではありません。

現代社会は、成功者が住むような、ゲストルームやプールつき住宅をいかにも幸せの代名詞であるかのように評しますが、私たちはそれよりもずっと狭い空間であっても、同じくらい幸せに、より自由に過ごせることに気づいていません。世の中には、小さくても非常に快適で美しい理想的な住まいが存在しているのです。

さらに言えば、大きな家はつねに私たちを束縛します。反対に小さな家には、それがワンルームであれ、2K、または小さめの一戸建ての場合でも、共通の見逃せない現実的な利点があります。そのひとつが、維持経費が少なくてすむことです。経費がかからなければ心配事も減ります。また便利さ、快適さが増します。時間にもゆとりができるので、より自由を手にすることができるでしょう。
「広い心は空間を必要としない」と古《いにしえ》の賢者、詩人らが言うとおりで、小さい住まいは楽しみや夢をぎゅっと凝縮し、ここでも「少ない」は多くをもたらすのです。

シンプルに生きるとは、心を満たす生き方です。今、心の幸福に重きを置く時代が訪れたと思います。この本は、どのような住まいが私たちの「人生の質」を上げるのかお伝えしたくて記しました。

SOMMAIRE

2
「孤独」のない人生に喜びはない

3 宝石のようなわが家を持つ人々

4 日本に息づくシンプルな美に学ぶ

5 上質に暮らすインテリアの知恵

6 幸福のためにお金を投資する秘訣

7 魂を満たすシンプルな生き方

8　引っ越しという人生の賢い選択

屋根ひとつ
お茶一杯

幸なるかな、
天の流《る》転《てん》に従い、
静かに流転する者よ。

――――

ミッシェル・ド・モンテーニュ、
16世紀フランスの哲学者

I

「小さな住まい」という贅沢

広い家が奪うもの、小さな家が与えてくれるもの

❖小さい家や狭い部屋は精神を鍛え、大きい家は精神を鈍らす。
――レオナルド・ダ・ヴィンチ、15世紀イタリアの芸術家・科学者

家が狭い、もっと広い家に住みたい、と不満を述べる人が世の中にはたくさんいます。その反対に広い家に住みながらも、防犯や維持、光熱費やローンの支払いに苦労する人も少なくありません。

あえて小さい家を選んでいる人は、その利点に気づいている人です。住まいにまつわる悩みが減少し、時間的なゆとりも増え、快適さも増すと実感しているからでしょう。

世の中の流れは、相変わらず「ゆとりのスペース＝豊かで幸せ」というもの。また、ボタンひとつで操作できる家電製品をはじめ、あらゆるサービスが私たちの暮ら

しを一見便利にしているかのように思わせます。しかし、この行きすぎた流れが、実は本来私たちが持っていた生活の「知恵」と「節度」を失わせているのです。

一方、物欲も人を狂わせ「無責任」にします。少ないもので生活し、ものごとをシンプルにしてみると、自然と幸福に似た心地よい気持ちになれます。多くのものを所有することは、広い家に住むことを喜びと感じる人と同じで、世の中の「幸福のお手本」を信じているからでしょう。けれども、それは何も私たちにもたらしてはくれません。

広い家を手に入れ、さまざまなインテリアに凝ったりすることは、その場では自分が満たされていくように感じます。でも私たちは、つい不必要な用事を増やして気を散漫にし、生活をシンプルにするどころか反対に複雑にしてしまっているのです。

一度それを見直し、のんきで身軽な生活に戻してはどうでしょう？　私たち人間はもともとのんきに生きていたのではないでしょうか。

極論ですが、簡素で狭い場所、明日にでも明け渡して出ていけるような場所で暮らしてみると、何ごとにもとらわれない自由な自分、と同時に自立した自分に変わっていくのがわかります。

その感覚は人生の朝、広大で素晴らしい世界が目前に展開しようとしているときと似ています。一見矛盾しているようですが、少ないもので生活している人が意外にも溌剌《はつらつ》として見えるのはこのためなのです。

暮らしを引き算して時間をゆっくり味わう家

永遠とは、今日のことである。

――禅の教え

「時間の使い方のへたな人が、最初に時間の足りなさを嘆く人である」

フランスの17世紀の哲学者ジャン・ド・ラ・ブリュイエールは、こう言っています。

私から言わせると、時間的なゆとりを創りだすためには、「引き算」をし、ただただ持ち物を減らせばよいのです。

住まいも同じで、より狭い面積にすればいいということ。仮にあなたが50 m^2の家から25 m^2の小さな家に引っ越したとします。初めのうちは、持ち物をすべてとっておきたいと思うはずです。けれど、自分のまわりに山積みになっている荷物の中で生活していくうち、その荷物の山があなたを息苦しくし、しまいには必要のないものに映るようになるでしょう。

自分に過剰な義務を負わせる多すぎるものやそれを維持するための努力。広すぎる家を管理するということは、自分に鞭を打ち、自分自身をいじめているようなものです。

広い家を小さめの家と交換した人たちは、その結果得られた満足感に驚いています。部屋のレイアウトを一度すませれば、あとは何もすることはないでしょう。読書したり、音楽を聴いたり、夢を見たりして好きなように時間を過ごすだけです。これ以上の生活を求める気すら消え失せてしまうかもしれません。そこで自分の時間をゆっくりと味わいましょう。

自分の人生をただひたすら掃除、片づけ、修理、改善に費やすのは不自然なこと。反対に、教養を高めたり、好奇心を満たしたりと、文化的な分野で自分を豊かにすることに時間を費やすのは極めて「自然」なことなのです。

時間に束縛されなければやさしくなれる

自由な人とは時間を制御できる人です。

ワンピースを買えばそれに合った靴やバッグが欲しくなるように、ものをひとつ購入すると、さらにほかのものを購入する必要が出てくるものです。

手に入れると、時間がとられるのは便利・時短をうたう家電製品にしても同じではないでしょうか？

多くの人たちがものに関することに時間をとられ、その分人間関係がないがしろにされていきます。現代人の多くが他人のために費やす時間がつくれなくなっていきます。電話にも出ない、メールにも返信しない、急いでいる、忙しい、もういっぱいいっぱいと彼らは嘆きます。

そもそも時間というものは、私たちがリラックスし、機嫌よくやさしくなるために役立ってほしいもの。

シンプルに、控えめに生きることが、さまざまな骨の折れる束縛から私たちを解放してくれるでしょう。

あなたの家に広い芝生の庭があり、高性能の芝刈り機を持っていたとしても、その芝生で数時間でものんびりと寝そべる時間やそこに友達を呼ぶ時間がなければ、庭の存在はまったく意味をなさないのではないでしょうか？　刈っても刈っても芝はどんどん伸びていきます。ところが友情は、ケアを怠るとしまいには死んでしまいます。

「時間がある」のは当たり前のことで、決して贅沢なことではないのです。そしてさらに、時間があるとは、ひとつひとつのものごとをきっちり最後までこなすこと、誠実に生きることを可能にしてくれます。そうすれば、今という瞬間も、小さな空間における時間も、まったく違った価値を持つことになるのです。

京都の人に教わった贅沢な時間の使い方

◆時間は、買うことも、盗むことも、保存することも、増やすこともできません。時間はこの世に存在するもっとも貴重な資源、なぜならば再生不可能だからです。

私たちは、時間よりもむしろ金銭の使い方について真剣に考えますが、金銭は再生可能です。ところが時間は取り替えがききません。

——ジャン・ルイ・セルヴァン・シュレベール、フランスのジャーナリスト・エッセイスト・

サイコロジーマガジン社オーナー、同誌インタビュー

「時間をかける」とは、何よりも自分の好きなように時間を「使う」ことです。何もしない、または自分の楽しみのため、または関心のあることのためだけに時間を「使う」のです。

それは、旅やコンサートといったイベントを用意周到に準備してみることかもしれません。あるいは寒冷地にあえて冬場に訪れ、自然の厳しさに身をまかせてみるというようなこと、もしくは、内面の本質に気づくために不必要な雑音を消してみることかもしれません。

京都を訪ねて、何十年も昔の小さな住まいに、改築やリフォームもせずにそのまま住んでいる人々がいることを知りました。良識と秩序が完璧に整っている住居に、特別な「近代化」は必要ないと考えるのでしょう。

そして京都の人たちは、鴨川沿いを散歩したり、季節の和菓子を買い求めるために

自転車を走らせたり、お茶を楽しんだりというような、贅沢な時間の過ごし方もよく心得ています。

この街にはいたるところに神社仏閣があります。そこを散策し、風を感じ、空の色を眺め、道端の草花を摘みとって家の洗面所に飾る、というような、小さな楽しみが見つかります。

このようなささやかな幸せが積もり積もって、信じられないほどのパワーを私たちに与えてくれるのだと実感しました。

週末に起きるニューヨークのカップルのいさかい

◆この世の中の財を求めていくことだけに勤《いそ》しむ人は、つねに急いでいる。
なぜなら、彼が目的に達し、その恩恵を被《こうむ》るための
時間は限られているからだ。

——アレクシ・ド・トクヴィル、19世紀半ばフランスの政治思想家

家が広ければ、それだけ設備や維持に時間がかかります。ガラス拭きも窓の数が多ければ大仕事です。隣人が敷地からはみ出している木の枝を落としてほしいと言ってくるかもしれません。定期的に屋根瓦《がわら》の葺《ふ》き替えも必要でしょう。このように、やれやれと思った次の瞬間に、またやらなくてはならないことが出てくるものです。

私たちがひっきりなしにくり返す言葉が、「時間がない」です。いったい誰が、何が私たちをこれほどにまで忙しさに駆り立てているのでしょうか？

時間をとられるばかりか、こうした仕事が生みだす疲労についてはどうでしょう？疲労も時間泥棒です。

ニューヨークタイムズにこんな記事が載っていました。住まいの掃除を家政婦さんや業者にまかせるカップルが、最近増えているそうです。

家事請負会社によると、ニューヨークでは、週末土曜日の午前中、9時から11時の時間帯にいちばん電話が多く鳴ります。一週間の仕事を終えて、家の中は豚小屋同然

に散らかっているからです。マンションの一室なら、狭いよりもむしろ広いほうが散らかりやすいといった分析もありました。家事が夫婦喧嘩の原因の半分を占めているとも言われています。

結論から言えば、住まいが清潔で片づいていると安らぎが得られます。この貴重な安らぎは、片づけが大変な広い家に住む人には、なかなか得られないものなのかもしれません。

秩序は天が決めた最初の法則。秩序が存在するところ、自然と平静が宿るのです。

家が安らげないと外の世界へ立ち向かえない

❖悪天候の中、室内で暖をとりながら感じる心地よさは、まさに動物的な感覚である。

穴の中のネズミ、巣穴の中のウサギ、牛舎の牝牛らも

私のような幸福感に浸っているはずである。

――モーリス・ド・ヴラマンク、20世紀フランスの画家、『礼儀正しく』

住まいから私が連想する最初のイメージは、「隠れ家」。目に浮かぶそのイメージは、森の奥に建てられた小さな小屋、室内には暖炉が焚《た》かれ、飢えと寒さから私を守ってくれる居心地のよい場所です。イギリス風のコテージなどは、冬の季節をより詩的に表現してくれます。この居心地のよさは恐らく外がそれだけ寒いからでしょう。

人間は、ほかの動物同様に、狭い空間を好みます（猫を観察するとわかりますよ）。なぜなら、人間は境界を好むからです。境界が引かれることが人をささえ、集中力を高め、パワーを集約させるのです。広すぎる空間は――自然空間ではなく住居空間の場合――私たちのエネルギーを減らし、分散させます。

本来遊牧民であった人間は、休息中に襲われないようつねに自分を防御する策を講じてきました。そのためには仕切りや壁が必要だったのです。

試しに部屋の片隅を少しだけついたてや屏風《びょうぶ》で囲ってみると、不思議と安心と心地よさがもたらされます。そこで伸びをし、眠りたい気持ちになるのです。

家というものは、私たちがコスモス（秩序が整然とした統一体としての宇宙、世界）に立ち向かうためのひとつの道具と考えられます。

ガストン・バシュラール（20世紀フランスの哲学者）は自著『空間の詩学』の中で、「もっとも凝縮されるべきは休息、もっとも閉ざされるべきは蛹《さなぎ》、そしてそこから生まれる者が別の世界の存在であるのなら、その成長はもっとも大きい」と述べています。

マイホームに安らぎやエネルギーを奪われる日本人

❖家については、李漁《りぎょ》の提言によれば、それは外套《がいとう》選びと同じで、本題からそれずに賢明な選択をするためには、

その住人にとってまず何が本当に必要で、
どういうのがふさわしいかを自覚することなのです。
――ジャック・ダール、フランスの中国学者・中国文献翻訳家、
『李漁の秘密の覚書』

日本の場合、実に多くの人たちがマイホームをローンを組んで購入し、長い年月をかけて返済しています。そしてそのマイホームをリフォームしたりして大切に維持していくのですが、子どもの独立や配偶者の死去などで、ある日突然その家が自分たちにとって広すぎることに気がつくのです。

そして彼らには、愛するマイホームが自分たちの時間や精神の安らぎのみならず、エネルギーまで奪ってしまっていることに気づいていないことが多いようです。

その証拠に、年末年始、家にいると、大掃除や年始のあいさつなど用事が多いからと、ホテルで過ごす人たちが少なくありません。恐らく自分の家で休暇を過ごし、家でくつろぎたいという気分になれないのでしょう。

でも家というものは本来そのためにあるのです。そこで体を休めて気力を恢復《かいふく》し、夢を見たり、ぼんやりしたりする場所、まさに家は休息の場なのです。

自分のエネルギーを浪費せず満たす暮らし方

自分のエネルギーを満タンにする前に、まず自分に残されているエネルギーを節約しなくてはなりません。そのいちばんよい方法は、さまざまなトラブルで自分のエネルギーを分散させたりせず、すべて自分のまわりに「凝縮」させることです。

「思考」はエネルギーのひとつで、電力や重力と同じです。気がかりで解決しなければならない問題がある状態は、神経を疲弊させ、そのうちに病気になってしまいます。

小さな住まいでの生活を選択すると、生活のさまざまな場面において「節度」を重んじるようになります。限られた空間の有効利用に思いをめぐらせば、購入するものひとつとってもじっくり考えて決めることでしょう。

じっくり考える時間をとることは、より質素でバランスのとれた生き方を取り戻すことにつながります。すると自分自身との調和がとれるようになり、自らのエネルギーの節約につながります。

私たちは一生涯通して、自分のエネルギーを蓄え、使い、または浪費しています。家の広さも含めて、物質的なものとのかかわりを減らしていくことは、エネルギーを蓄えることにつながり、そうすることで安らかな気持ちが訪れるのです。

何もすることのない小さな狭い空間に身を置いてみると、改めて実感できることですが、驚きの早さでエネルギーが充満してくるのがわかります。

言い換えれば、私たちは居心地のよい「巣」のような狭い空間で精神のバランスを取り戻し、やる気が起きるようになるのです。そこでは心配事や野暮用で心身をすり減らすことなく、気分が休まり再生されていきます。

私たちの住まいは、日々の活動で失った活力を取り戻させてくれる場所であるべきで、住まいは広さではなく、居心地がよいかどうかが重要ということを忘れないでいてください。

必要なのは自分だけの空間を持つということ

❖畳は座るために半畳、寝るために一畳。

——禅の言葉

家の中では、家族がそれぞれひとりになれる専用空間を確保したいものです。

日本人の友人が、20歳まで暮らした彼女の実家の部屋について話してくれたとき、目を輝かせて初めに言った言葉が「たったの3畳なのよ!」でした。

その部屋に彼女はベッドを入れ、小さな箪笥《たんす》と炬燵《こたつ》を置いていました。部屋の角の棚には小型のテレビとステレオ。

「私はこの空間が大好きで、一度も狭いと感じたことはなかったわ」と彼女は小さな自分のお城をなつかしみます。

私たちが必要としているのは広さより、ひとりで落ち着ける自分だけの空間。たとえ広さ50m^2の小さな家でも、間取りをうまく考えることで家族4人がそれぞれ自分の部屋を持ち、さらに来客用の小さな客室と家族が集う共同スペースを確保することも可能なのです。

もうひとりの友人の部屋の広さはやっと布団が敷ける1畳、ただし禅寺に隣接しているため、毎朝雨戸を開けると禅庭が目前に広がるのだそうです。なんという贅沢でしょう。

心に満足感を与える「居心地のよさ」とは

ほど狭《せば》しといへども、夜臥《ふ》す床《ゆか》あり、昼居る座あり。

一身を宿すに、不足なし。（中略）
ただ、静かなるを望《のぞ》みとし、愁《うれ》へ無きを楽しみとす。

（手ぜまだといっても、夜ねる場所はあるし、昼すわっているところもある。わが身一つをとめるのに、不足はない。〈中略〉ただ、静かなくらしを大切にし、苦労のないのを楽しみにしているのだ）

——鴨《かもの》長明《ちょうめい》、鎌倉初期の歌人・随筆作者・仏教徒・隠遁者、
『方丈記』（簗瀬一雄訳注、角川ソフィア文庫）

20世紀イギリスの偉大な家具デザイナー、テレンス・コンラン氏によると、「居心地のよさ」は、まずよく設計された空間から生まれると言います。均衡のとれた部屋は、そこに住む人の心理に信じられないほどの安らぎを与えるからです。

理想の住まいでは、毎朝平穏のなかで目覚めることができます。

それは便利、頑丈、体によいとされるものがぎゅっと凝縮された住まい、自分の身

の丈に合った住まいです。

具体的には防音、断熱に優れたペアガラスのサッシ、カーテンレールの寸法に合った遮光カーテン、心地よい室温、音を遮断する絨毯《じゅうたん》などなど。

さらに居心地とは体に心地よいだけでなく、心にも満足感を与えるものです。部屋の装飾よりも「居心地のよさ」が私たちを幸せにするのです。

この理想の住まいは、暑さ寒さの問題であると同時に開放感の問題でもあります。あなたは体を動かしているときも休んでいるときも、そこでくつろいだ気分でいられますか？

「居心地のよさ」、それは自宅でほっとひと息つきながら喫《きっ》する一杯のお茶でもあります。それが「世俗」とはまるで反対の位置づけにあるからです。

外に目を向ければ、これで満足感が手に入りますよ、と消費を促すありとあらゆる情報が渦巻いています。そのようななか、たとえ狭くても「居心地のよい」空間は、私たちを縛ることなく、その奥底でくつろがせてくれるのです。

古い家から学ぶ「安らぎの空間」の条件

◆ぼくは書斎をぐるっと見回した。中の様子ははじめてここへ来た日とまったく同じ。（中略）しかし、家は様変わりに変わった。中は愛と教えと親密さが満ちあふれている。同僚、学生、瞑想の先生、理学療法士、看護婦、ア・カペラ・グループでいっぱいだ。ほんとうの意味で豊かな家庭になった

――ミッチ・アルボム、アメリカの作家、『モリー先生との火曜日』（別宮貞徳訳、NHK出版、普及版）

家が広すぎたり、または新しすぎるとなかなかその温かさを感じられません。多くの人がわざわざ古い家を好むのも、なにも時の流れが残した痕跡を認めるためだけで

なく、古い家独特の居心地のよさに惹かれるからです。それは、「この場所で数時間、数日間過ごしてみたい」と思わせる居心地のよさのことです。

居心地のよさとは、五感を敏感にする部屋の薄暗さかもしれません。あるいは黄ばんだ天井、窓枠周辺の汚れ、何代も生き延びてきた家具が醸しだす古色……、そうしたものが今までこの家の住人だった人たちの過去の幸福を物語ってくれるのです。この感動は近代的な新築の家では得られません。

灯油ストーブの上でやかんが蒸気を出しながらカタカタと音を立てる。清潔な匂いと満足感、時の流れにさらされ、角がとれたやさしい面持ちのものたち……。これこそが古い住居が持つ安穏な雰囲気なのです。

10世紀中国南唐時代の国主であり詩人、李煜《りいく》は住まいの安らぎの重要性について、次のように語っています。

「安らぐ部屋とは気どらない家庭的な小部屋で、冬はまるで毛皮のコートを羽織っているような温かい部屋、そこにずっと籠っていたいと思う部屋だ」と。すなわち、狭い場所、でも実はそこは広大な場所でもあるでしょう。なぜならば、そこで安らぎが得られるのであれば、もう外界は何の意味もなさなくなるからです。

小さい住まいだからこそ軽く生きられる

彼はごく単純なことを話した──

つまりカモメにとって飛ぶのは正当なことであり、自由はカモメの本性そのものであり、そしてその自由を邪魔するものは、儀式であれ、迷信であれ、またいかなる形の制約であれ、捨てさるべきである、と。（中略）

「正しい掟というのは、自由へ導いてくれるものだけなのだ」

ジョナサンは言った。

──リチャード・バック、20世紀の飛行家・作家、『かもめのジョナサン【完成版】』（五木寛之創訳、新潮社）

小さな住まいが持つ最大の特権は「自由」です。

家が小さければ、いつ出かけても、いつ戻ってきても何の心配も手間もかかりません（引っ越し、煩雑な手続きも含め）。自立していつつ、まるでのんきな学生に戻ったような気分でいられます。

フランスの心理学者・作家ベネディクト・レジモンはその著書で、パリの凱旋門《がいせんもん》近くのアベニューフォッシュの屋根裏部屋（9 m²）を借りて住んでいた女性を登場させています。

この女性は60代で悠々自適な年金生活を送っていました。しかし傍から見れば、彼女の生活は不十分なものに映っていたのかもしれません。その住まいは快適とはとうてい言えない設備で、トイレは廊下の端にあり、シャワーに関しては中庭まで出なければなりませんでした。

友人には、「一時的な状態が結局ずっと続いているの」と話していたそうです。彼女は、世界中を一緒に旅した夫を亡くしてから、そこに賃貸で22年間住んでいたのでした。

もちろん、小さなアパートを購入するという選択肢もあったでしょう。ですが、彼女は結局、その部屋を借り続けることを選んだのです。そうすることで、自分の人生を決めるのは自分自身、出たいときにはいつでも出られるという感覚を持ち続けられるというのです。

賃貸のままいくか、それとも所有するか、小住宅の場合はどちらでも自由に選択できる利点があります。

女優のジャンヌ・モローも、ある日思い立って所有していたマンションから家具一式すべてを売り払い、小さな家に引っ越してようやく自由な暮らしを手に入れたと述べています。

自分の価値観を変えてくれる部屋

私の歓喜が、泡のように軽く、雲を突き抜けていった。

——パラマハンサ・ヨガナンダ、20世紀のインドのヨガ指導者、
『あるヨギの自叙伝』

確かに私たちは、一時的には人間の見栄からくる際限ない物欲と富に惑わされます。ただし、これも続くと耐えがたくなってくるのです。

今日では、わずか数ユーロで清潔な衣服を身につけることも、特別に高価な材料を使わなくてもヘルシーな食事を口にすることができます。自家用車（豪華な大型車）がなくても快適に暮らせます。

私たちは人生との向き合い方、価値観を変えることで初めて自分の人生を変えていくことができ、他人の視線を気にしなくてもすむようになるのです。

自分で決めた人生を歩むためには、世間が押しつける固定観念を捨てる以外対策はありません。たとえそれが数m^2の広さであっても、自分が主役でいられる住居を持つことは自立への一歩なのです。

「なんとかなる」と考えられるようになる秘訣

❖広すぎる空間は、不十分な空間よりも
われわれを息苦しくさせるものだ。
——ジュール・シュペルヴィエル、20世紀フランスの詩人・作家、『引力』

家具も少ない小さな家、でもすみずみまで清潔に保たれた家が、生きがいと充足感を与えてくれるのはその家が発散する「活力」によるのです。

そこで、無心に黙々と窓ガラスを拭いたり、食事の支度をする、あるいはひとりで読書をするというような、とるにたらない行為がもたらす沈黙、喜びがその活力の源です。

昔の日本人は、「ものが少なければ、禍《わざわい》も少なし」と言っていました。それでも私たちはなぜものに縛られて生き、ものに押し潰されるようにして死んでいくのでしょうか。

ものへの執着が減ると、私たちは「なんとかなる」と考えるようになり、将来の心配も減っていきます。

シンプルな生活を送ることで、それまでまわりの価値観に流され、虚勢を張っていた自分に気づき、視界が次第に澄みわたっていきます。そして、そこに隠されていた自分が最も見えていなかった自分本来の姿が、静かに浮き彫りにされるのです。

2

「孤独」のない人生に喜びはない

聡明な人ほど孤独に対してポジティブ

孤独な人間とは、その人の内面に閉じこもるどころか、世界中に自らを開放する人である。

――トーマス・マートン、20世紀アメリカの司祭・作家

ひとり暮らしで孤独を感じている人が増えています。ひとりなのは、自らの選択である場合もあるでしょうが、必ずしもそうでない人もいるでしょう。パートナーに先立たれた、出会いを欲しているけれど、ともに人生を歩む相手とめぐり会えなかった、おたがいの求めているものが違った、などということもあります。

では、そういう人ばかり孤独かといえば、たとえパートナーや子どもがいても、孤独を感じない人はいないのではないかと思います。

2
「孤独」のない人生に
喜びはない

そうなると、家はまるで孤独の住みかと思いがちです。しかし孤独は、魂が満たされない苦しさの代名詞なだけではありません。

つまり、ひとりだから孤独なのではありません。パートナーと不和でなくても、孤独は身近にあります。現代という時代は孤独を恐れますが、孤独は私たちに、「自分から逃げださないこと」、さらには「自分の人生のオーナーになること」を教えてくれるものでもあるのです。

「ひとりである」と自覚することは、私たちを一喜一憂させる人間関係の枠組みを超え、自己実現を可能にする唯一の条件なのです。

孤独であると認めることほど辛い試練はないでしょう。でも、悲嘆にくれ、これ以上生きていけない、といった否定的なものとして捉えるべきではありません。それは、自分が本当の人生に向かうための「通路」、開放された個人に到達するための「道」のようなものなのです。

孤独とは、私たちが考えている以上に多くの学びを授けてくれる人生の学校です。誰にも代わってもらえませんが、自分自身であり続けることを学ぶチャンスなのです。この学びは大変ポジティブなもので、自分に責任を持つことを教えてくれます。そしてこれが、他人についても責任を持つことにも通じるのです。

孤独は、自分の中に閉じこもるのではなく、世の中に目を向けて自らを開放させる経験となり得るのです。

この章では、古今東西の賢人や芸術家などの例もあげながら、あなたの孤独が上質な人生にとってかけがえのないものであることをお伝えしていきたいと思います。

孤独が人とのつながりを深める力になる

❖自分の孤独の時間を
自分できっちりできないような人には、
他人を愛する資格はないと思う。
ひとりで生きていくことができて初めて、

人を抑圧することなく
愛せるのだと考えている。

——ピート・ハミル、20世紀アメリカのジャーナリスト・コラムニスト・小説家

なぜ、私たちは一定の集団に所属しなくてはならない（弱い人に関しては所属せずにはいられない）のでしょうか？

ときには、世間をシャットアウトして自分自身を取り戻したいと思うときもあるはずです。

孤独を好むことは、愛情、友情または他者との交流を断つことではありません。孤独な人は決して排他的な人間ではないのです。逆に孤独になると、他者のありがたみをより強く感じるようになります。ひとりで生きることは決して自己中心的な生き方ではないのです。

一般的に教えられている道徳論とは裏腹に、私たちは他人の責任を負う必要はあり

ません。その反面、私たちは他人に依存するべきではないのです。

「感情の消化不良」を起こさないために

それは、世界中をはたと息づまらせる雪の降りこめた、冬の一夜のようであった。

――アルチュール・ランボー、19世紀フランスの詩人、『ランボー全詩集』「愛の砂漠」（平井啓之・中地義和共訳、青土社）

自分を「取り戻す」ために孤独を必要とする人がいます。ただその一方で、孤独になるという手段をとれずに、「感情の消化不良」を起こしてしまう人もいます。

それは日々の煩雑な生活に押しまくられて、自分に与えられたものを素直に受けとれなくなってしまった人たちです。

一日中オフィスで仕事をし、そのほかの時間は家族と過ごしている人には、ひとりになる機会が滅多にありません。人によっては、自分をあと回しにしてつねに周囲の要望や必要に応じて動いてしまったりする人もいるでしょう。そして知らないうちにストレスを溜め込んでいくのです。

対人問題の解決法としても、自分だけの小さな空間は効果を発揮します。ひとりきりになれる場所は、各自に与えられるべきです。

夫婦生活においても、二人で暮らしているからといって相手に所属しているわけではありません。それぞれの私生活と自由を確保する権利があってもいいのではないでしょうか。

しかし、残念なことに世間一般、夫婦の幸せは二人の共同生活の成功によって決まると固く信じられているので、孤独の創造的な徳が、ここではないがしろにされてしまうのです。

孤独がなければ自分の心の奥底まで下りられない

孤独の追求は、人類の古い時代までさかのぼります。

老子から仏陀《ぶっだ》、古代キリスト教会の砂漠の修道士、最初のケルト修道士、18世紀のジャン＝ジャック・ルソーや19世紀ならヘンリー・デヴィット・ソロー、身近な存在では20世紀の司祭トーマス・マートンまで、どの時代でも物質的な文明を捨てて、シンプルな生活、精神的な知恵の世界に開眼するため、孤独を追求する道に踏みだす人がいます。

そして、望んで孤独になったのではない、という人は別として、今日では孤独は贅沢のひとつになりました。

さて、それでは孤独をどこに求めていけばいいのでしょう？

本来、私たちは誰に気がねすることなくひとりになれる場所を持つべきです。

これは、子どもたちにとっても同じこと。彼らもひとりになって本を読んだり、遊んだりするスペース、その日に味わった感動や経験を「消化する」場所が必要なのです。

残念なことに、現代社会は孤独を奨励するどころか、孤独は悪であり、幸せになるためには孤独を解消しなければいけないと説きます。しかし、孤独なしでは、自分だけのスペースを持たなければ、自分の心の奥底まで下りていくことはできないということをわかってほしいと思います。

ネットより自分とのコンタクトを大切にする

❖ひとつの社会が内面の孤独を欠く人間で構成されると、緊密な結びつきを可能にする愛に立ち戻れなくなる。そこで人間同士をつなげるセメント役を果たすのが、乱暴で過剰な権力ということになるのだ。

――トーマス・マートン、20世紀アメリカの司祭・作家、『魂の居場所』

ミツバチは群れをなして移動します。一方で猫は孤独を好みます。人間は、といえば、その両方でしょう。仲間を必要とするときもあれば、自分だけの時間も大切と考えるからです。

とりわけ、ある人たちにとっては、孤独が生きていくうえで欠かせない場合もあります。それが一時的に必要なのか、恒常的なものなのかは人それぞれですが、そういう人にとってみれば、いずれの場合も孤独は救命用のブイとなるのです。

メールやインターネットに代表されるように、現代社会は個人をあらゆる方面から独占しようとします。四方八方からがんじがらめになると、人は自分自身とまったくコンタクトがとれなくなります。

自分のためだけのスペースを確保し、自分を拘束するものから逃れ、そこにときどきひとりでこもることが、さまざまな感情的、社会的な悩みや心配事の解決策となるのです。

孤独になると、私たちの「バッテリー」が本当の意味で充電されます。野暮用や不必要なおしゃべりで、エネルギーを消耗する心配もなくなります。そうして気持ちもようやく落ち着きを取り戻すのです。

しかし、前にも述べたように、今日では、プライベート空間でこのように孤独に浸ることのできる場所が少なくなってきています。将来的には、汚染されていない空気同様に、孤独と自然の食材が最高の贅沢品のひとつに数えられる日がくるかもしれません。

ひとりになって自分の調整を行う時間を持つ

自分の心がしっかりと落ち着いていれば、
どんなことがあっても、

深い谷のように流れる水を静かに受け入れることができる。（中略）
今持てるものに満足し、ありのままの姿を喜びなさい。
何も欠けていないと悟れば、全世界が自分のものとなる。
——老子、古代中国の哲学者

自分を満たしたい、自分を高めたいという欲求、何かもの足りなさを感じて自分の手の届かないものを追い求める思いが募るとき——その対象は宗教、異性、好きなアイドルかもしれません——いったいどのように対処したらよいでしょう。グループセラピーも、自己啓発法も、対人関係の研究も、スポーツジムで汗を流すことも、満足のいく答えを出してはくれないでしょう。

自分を満たすためには、まずは自分を取り戻すことから始めなくてはなりません。そのために、ひとりになれる自分のためだけの時間を持ち、そこで自分の「調整」を行うのです。そして人生でめぐってくるさまざまな選択や困難に、どのように立ち向かっていくべきか、ひとりで考えてみるのです。

すると、自分が誰かの「分身」ではなく、何かのグループの一員でもなく、完全に「一個人」となって考えていることに気づきます。

これは誰もが意識していることではありませんし、このような内省のために時間を割く人もまだ非常に限られています。でも、自分を満たしたいという思いは、結局完全な一個人になりきることなのです。

日本の作家にも影響を与えたという、19世紀イギリスの評論家トーマス・ド・クインシーは、その著書の中で次のように語っています。

「人生に孤独の舗石を敷かない人は、その人の知性の真の能力を発見できないであろう」と。

人生の相棒は自分自身と気づく

✧小屋は3メートル四方だ。鋳鉄《ちゅうてつ》製ストーブが暖房役を担ってくれる。

彼は僕の友人となるだろう。

——シルヴァン・テッソン、作家・冒険家、『シベリアの森の中で』

パートナーに先立たれ、突然ひとり暮らしを余儀なくされたならば、その不安は堪え難いものとなるでしょう。そうなる理由のひとつは、私たちは人とつながっていることを何よりも必要としていて、孤独はまわりから孤立することと考えるためです。人が孤独を恐れるのはそのことによるのです。

確かにひとり暮らしをしてみると、自分の面倒を自分で見なくてはならなくなりますし、他人よりも自分自身と向き合うことが多くなるでしょう。でも小さな独身者向けのアパートなどに引っ越すことは、その自分自身に立ち返るための初めの一歩なのです。

住環境を一変させることで、気持ちが切り替わり日常の空虚感は消え、新たな習慣がそこで生まれてきます。狭い部屋なら、日用品も手の届くところにあるので、「ひとりぼっち」といった感覚も薄らぎ、安堵感も与えてくれるでしょう。

小さなテーブルで食事をとると、今まで目の前で食事をともにしていた家族への喪失感が薄れ、そこで自分という存在を分け合う相棒が、実は自分自身であることに気がつくのです。

この相棒、これからの人生の旅につきあってもらうのですから、よく面倒を見てあげて、無視したり、決して見捨てたりしないことです。

生活の拠点を新しい場に求めることは、過去に引きずられずに、これからひとりで生きていかなければならなくなったとき、とりわけ伴侶を失ったときなどに、最も効力を発揮する大切な決断となります。

忘れ去られている「沈黙」の効能

✤私の身体がときほぐれて、夢と、夢想者と、夢想という行為そのもののはかない世界と完全にとけ合い、法悦の境に入っていくのが、まざまざと感じられる。

——ジャック・ケルアック、20世紀アメリカの作家・詩人、『ザ・ダルマ・バムズ』（中井義幸訳、講談社文芸文庫）

「沈黙」は、精神科医ユングにとっては宇宙との融合を意味していました。沈黙を愛する理由はほかにもいくらでもあります。働きすぎや疲労困憊《こんぱい》のとき、私たちを安らぎの世界へ誘い、守ってくれるのがこの沈黙です。沈黙を保ち、その中で私たちは、周囲や自分に捧げるために必要な資源を汲み上げるのです。また、この沈黙の中でのみ、自分の真の姿を見つけだし、想像力や哲学的な思考を養い、新しい自分に生まれ変わることができると言っていいでしょう。

その効用は、なにも隠遁《いんとん》生活を送る芸術家や哲学者だけに訪れるのではありません。求めるものには与えられるのです。

ところが残念ながら、沈黙は、私たちの日常からほとんど姿を消してしまいました。今社会では、沈黙はすっかり冷遇されています。なぜならば、騒音やアニメーション、ネットによる人と人とのつながりといったものがなければ、現代人は不安で生きていけなくなってしまったからです。

しかしこういうときだからこそ、沈黙が必要となるのです。人ごみや騒音から離れてひとりにならない限り、心安らかな意識に浸ることなどできないでしょう。

ひとりきりの時間で自由や安らぎを得る

❖茶の水の　蓋にしておく　団扇哉

――小林一茶、江戸時代の俳諧師

優れた創造力の持ち主であるけれど人づきあいが悪く、恋愛関係も皆無、それでも大変幸福な人生を送っている人がいます。その人が幸福なのは人生に大きな目標を掲げているので、何ごとにも情熱を持って取り組めているからです。

文学や映画やアニメーションなどでも、主人公は孤独なヒーロー、でもその志で、人類を、困窮している人たちを救うという設定のものが多いのもまったくの偶然ではありません。

芸術家や作家の多くは自由を得るため、または、自らを見いだし、自分自身になるために長い歳月をかけています。大半が引きこもったり、集中し、ひとりになったりして創作のひらめきを待つのです。およそ芸術家と呼ばれている人たちは孤独を必要とし、作品の素材となるものを彼らの内面に求めていくのです。

フランスの哲学者デカルトは『方法序説』を執筆するために、「ストーブ」と呼んでいた小部屋に閉じこもったと言われています（室内がまるでストーブのように温められていた）。フランスの作家モンテーニュは「本屋」というあだ名の部屋から出ることは滅多になかったそうです。ドイツの哲学者ショーペンハウアーも、冬のバカンスをたった4m×3mしかない家の暖炉の隅で過ごしています。

安らぎを味わえるのはひとりのときだけ、と言うのはアイルランドの詩人イェイツで、彼はその状態にあるときのみ「孤独がぽつりぽつりと落ちていく」のを聴くことができると語っています。

孤独を愛する人は、ふつうの人の2倍はのんき

「競争はやめなさい」と老子の道徳経には書かれています。ところが私たちの自由主義の先進社会では競争を煽《あお》っています。（中略）社会的な競合を私たちの社会は、より高い効率性、自然淘汰のイメージで捉えています。それはすなわち、有能な者だけが生き残るといった構図なのです。

――エリック・サブレ、フランスの作家・鳥類研究家、『道教の自由な知恵』

社会のさまざまな機関――学校、会社、互助組織、職業訓練所、教会やシナゴーグなどの共同体が、孤独に共感することはまずあり得ないでしょう。

学校は、子どもたちにクラブ活動やサークルに所属することを奨励します。会社などでは職員が食事を一緒にし、連絡を取り合い、できる限りコミュニケーションをはかることが求められます。

今まで、ひとりになることをすすめる組織を見た覚えはありません。なぜならば、ひとりで生きることはシステムを抜けだすことであり、羊のように従順に上の言うことを聞く構図から外れることを意味するからです。

孤独な人というものは、実はふつうの人の2倍は無頓着でのんきなのです。だからこそ、ひとりで生きられない人たちは心の底では嫉妬し、孤独を謳歌《おうか》している人の態度を、型破り、または「マージナルマン（境界人）」と非難するのかもしれません。

偉大な人たちが選んだ小さな住居

◆慎ましい生活を築いていく土台として、この小屋はうってつけだ。

この慎ましさは僕にとっては贅沢でもある。
隠遁者の慎ましさとは、ものや同類のものを溜め込まないこと。
昔必要としていたものと習慣との決別。
隠遁者の贅沢とはまさに美なのだ。

——シルヴァン・テッソン、作家・冒険家、『シベリアの森の中で』

シルヴァン・テッソンは冒険家としても有名です。『シベリアの森の中で』は、実生活を自ら切り離すためマイナス30度の極寒の中6ヵ月間ひとりで暮らした体験を綴ったエッセイです。

理由はさまざまでしょうが、ひとつ確実に言えるのは、世の中にはいつの時代でも必ず、孤独を自ら選択し、それを当然のこととする人が存在するということです。

こうした人たちに共通する特徴は、住まいが非常に狭いということ。偉人と呼ばれる人の多くが、前で述べたように、掘っ立て小屋か屋根裏部屋のような狭い個室で考察していたという事実には驚かされます。

彼らにとって狭い空間は便利であるだけでなく、離脱のための「場」なのです。偉大な人たちと小さな住居、この関係は不思議ですが、そのいくつかは何世紀経っても私たちを夢心地にさせるものです。そのいくつかをご紹介しましょう。

鴨長明の終の棲家

身は浮雲《ふうん》になずらへて、頼まず、まだしとせず。一期《いちご》の楽しみは、うたたねの枕の上にきはまり、生涯の望《のぞ》みは、をり〳〵の美景に残れり。

(わが一身は空に浮く雲と考えて、あてにもしないし、不足とも考えない。一生の楽しみは、うたたねをしている気軽さに尽きるし、この世の希望は四季おりおりの美しい風光を見ることに残っているだけだ)

——鴨《かものちょうめい》長明、鎌倉初期の歌人・随筆作者・仏教徒・隠遁者、

『方丈記』（簗瀬一雄訳注、角川ソフィア文庫）

その随筆で有名な鴨長明は、鎌倉時代初期に生きた仏教徒であり、隠遁者でもあります。

60歳で隠居し、京都郊外の日野山に自分の手で小さな庵《いおり》を「終《つい》の棲家《すみか》」として建てました。そこで独居し、その時代の自然災害や政治による災禍などについて書き綴ったのが『方丈記』です。

その庵の広さはかろうじて3m四方、高さが2mでした。南にある窓には床に腰かけて肘をつくとぴったりしそうな竹すのこの縁があり、玄関口は東南側に設けられ、入ってすぐ目につく棚に革製のカゴを置き、その中に本が数冊、折り畳み式の琴、琵琶《びわ》、布団一式が入れてありました。

彼が生きるために必要としたものは、これで十分だったのです。

波止場の哲学者ホッファーのアパート

1902年に生まれ、のちに「波止場の哲学者」と呼ばれたエリック・ホッファーは、アメリカへ渡ってきたドイツ系移民でした。

7歳のときに失明し、不思議にも15歳で視力を回復します。砂金掘り、皿洗い、港のドックなどさまざまな仕事に就きましたが、食べるのが精一杯、まともに学校に行くこともなく、すべて独学で学びました。

彼は1951年に著書『大衆運動』(高根正昭訳、紀伊國屋書店)を執筆し、名が知られるようになります。

ホッファーは再度失明することにおびえつつ、季節労働者としてカリフォルニアで働きながら、失った学びの時間を取り戻そうと猛烈な勢いで読書をし、学習します。その州の図書館カードをほとんど入手し、それを彼は「僕のクレジットカード」と呼んでいました。

さて、ホッファーが住んでいたワンルームのアパートを覗いてみましょう。

それは、サンフランシスコのクレイ通りにある建物の2階。とても小さな部屋ですが、壁は本棚になっていて、多彩なジャンルの本――愛読書であったモンテーニュなどの哲学書から、歴史書、小説、ウェブスター辞書までがところ狭しと並び、机にはノートやメモ書きが積み上げられ、図書館カードのケースがふたつありました。

少し大きめの机、学生用の卓上ランプ、木の椅子が2脚、ベッドはクローゼットの中に押し込み、絨毯《じゅうたん》もなく、肘掛け椅子もなく、電話もない部屋で、ナイトテーブルは箱らしきものだったと記憶しています。

経験を詩に変えたソローの山小屋

私が森に行って暮らそうと心に決めたのは、（中略）

生きるのに大切な事実だけに目を向け、
死ぬ時に、実は本当には生きてはいなかったと知ることのないように、
暮らしが私にもたらすものからしっかり学び取りたかったのです。
私は、暮らしとはいえない暮らしを生きたいとは思いません。
私は、今を生きたいのです。私はあきらめたくはありません。
私は深く生き、暮らしの真髄を吸いつくしたいと熱望しました。

——ヘンリー・D・ソロー、19世紀アメリカの作家・思想家・詩人・博物学者、
『ウォールデン　森の生活』（今泉吉晴訳、小学館）

人間と自然との関係を綴った『ウォールデン　森の生活』。2年以上続けたその生活はひとりっきりでした。ソローにとっては誰かと一緒にいることは、たとえそれが最愛の人であっても、すぐにうんざりし、気が散るものだったようです。

彼は山奥に高さ3m、広さ4m四方の小さな小屋を建て、居住スペース以外には納屋をつくり、クローゼットとジャガイモの保存庫としました。

荷物はごくわずかで、鏡がトランプのカードほどの大きさでしかないと彼は自慢げに語っています。心静かに自由に、彼はそこで孤独な生活を送ります。そして次のように記しています。

「私の人生は詩そのもの。私がそれを生き、書き留めることができていたなら」と。

ソローが知りたかったことは、人生の崇高さでした。しかし、それを書き物ではなく、経験を通じて証明したかったのです。そのために彼は自分の人生をわざわざ山奥に追い込み、限りなくシンプルなかたちで表現してみたのです。

ソローは、「私たちは家の片隅にひとりでいるよりも、大衆の中に紛れているときのほうが孤独だ。そして、たとえ山奥に住んでいても沼には鳥が来る、高原にはタンポポが咲く、それに小川、蜘蛛、北極星がある。決して孤独ではない」（同掲書）と語っています。

大建築家ル・コルビュジエの小別荘

近代建築の三大巨匠のひとり、ル・コルビュジエの小別荘は、妻へのプレゼントでした。

海に面して建てられ、その大きさは3・6m四方という狭さ、フランスでは狭小建造物のお手本として、ひとつのシンボルになっています。

この有名な建築家がそこで毎年1ヵ月間のバカンスを過ごしていたということは、そこには何か広い邸宅にはないよさがあったからではないでしょうか?

ル・コルビュジエは、「家とは飾り立てる(décor)ためではなく、人間の幸福のためにつくられている」と言っています。

この小さな別荘は、社会が提示する生き方に疑問を抱く多くの人たちに、原点に立ち返ることを促してくれる場所だったのかもしれません。

それは、私たちが本当に必要とする本質とは何か？　という問いに答えを出してくれる、そのような場所のことです。

日本でも彼の作品を見ることができます。これは公共の建築物なので小さくはありませんが、上野にある国立西洋美術館がそれです。

隠遁者のエッセンスを身につける

❖中にも、数奇といふは、人の交はりを好まず、身のしづめるをも愁《うれ》へず、花の咲き散るをあはれみ、月の出入《いでいり》を思ふにつけて、常に心を澄まして、世の濁りにしまぬを事とすれば、おのづから生滅《しやうめつ》のことわりも顕はれ、名利《みやうり》の余執《よしふ》つきぬべし。これ、出離解脱《しゆつりげだつ》の門出に侍るべし。

（中でも数奇というのは、人との交際を好まず、我が身が落ちぶれることも嘆かず、花が咲いたり散ったりするのを哀れみ、月が出たり沈んだりするのを思うにつけて、常に心を澄まして、世間の濁りに染まらないのを専らにしているので、自然と無常の理が理解でき、名誉や利益への執着も尽きるのである。したがって数奇は迷いの世界から離れる門出《かどで》となるに違いないと思います)

——鴨長明、鎌倉初期の歌人・随筆作者・仏教徒・隠遁者、『新版　発心集㊦』(浅見和彦・伊東玉美訳注、角川ソフィア文庫)

孤独を好む者にとって贅沢とは、面積で測る空間ではなく、「心の空間」を持つということでした。そしてその面積が制限されるほどに、精神が無制限に広がることも知っていました。

古《いにしえ》の日本で、隠遁者にとって茶の庵は、世間の「塵《ちり》」(欺瞞《ぎまん》、過ち、エゴ)が到達できない空間そのものでした。それは身分や肩書の縛りを解き、世間の喧騒から離れ、静けさを取り戻すための空間だったのです。

そこに住むことは、人間としての喜びと生活を回復するためでした。

今日でも、自分を取り戻そうと山奥の静けさを求めて出かける人を見かけます。ただ、このような人たちと隠遁者との違いは、仏教で言うところの煩悩《ぼんのう》による呪縛から解き放たれて、すべての執着から離れることを求めている点でしょう。絶対的な超越に到達することの困難さを、その空間の狭さが象徴しているように見えます。

貧しさも上質な生き方に通じる

◆心の広い人は狭い場所でもくつろぐことを知っている。
——中国のことわざ

鴨長明の庵を見たとしたら、ふつうなら「狭い」としか感じられないでしょう。しかし、当人にしてみれば、狭さに優る豊かさを自分のものにしているのでまったく気にならないのです。

たとえば、素敵なセーターを見つけたら、お財布にそれをすぐ買えるくらいのお金があればいいと誰もが思いますが、そうでないときも人生ではありません。また、好きで小さな住まいで暮らしているのではないわ、という人もいるでしょう。

でも、自然を芸術家の目、または詩人の感性で感じるためには、いつもとは違った見方が必要になるのと同じように、「貧しさ」を「豊かさ」と感じるためには違う視点から見ることが必要になるのです。

世間体を気にすることなく、自分らしく自由に生きることです。たとえ家が狭くてもそこで心からくつろげるのであれば、最高ではありませんか。セーターを買うお金がなくても、いつもよりも長めのお風呂でリラックスしてみてはいかがでしょう。

あきらめの中から知恵は生まれません。貧しさを豊かで品格ある生き方に変えていくことは、誰にでもできることなのです。

ひとり暮らしは常識はずれではなく特権

◆知恵を短期間で会得することはできません。
平安と充足感、これを得るにはまずは自分の内面に秘められている
高尚な意識水準に到達しなければなりません。
——禅の教え

幸せや不幸を乗り越えたところに、平安があるのです。

常識は、孤独は社会をむしばむ禍《わざわい》のもとだと教えてきました。

しかし、社会を構成する過半がカップルまたはファミリーという単位だからといって、その人たちが独占的に「幸福とはこういうもの」と断定していいものでしょうか？

社会の流れは、日本でひとり暮らしの人口が多くなっている現状を嘆き、そういう

人たちを哀れみ、その状況を抜けだす方策を模索しますが、このようなことをいつまで続けるのでしょうか？

同様に、いつまで夫婦生活を幸福のイメージとして捉え続けるのでしょうか？

人間は成人して、「伴侶」すなわち夫（あるいは妻）の「分身」になるために生まれてきたのでしょうか？

世の中には、ひとりで幸せに暮らしている人がいないというのでしょうか？

もちろん独身であることを奨励する社会はありません。その理由は、各自がひとりで自立した生活を送るようになると、政府が困るからです。人口をコントロールするために、子づくりを奨励し、家庭生活や不動産業やそこから派生する消費を思いどおりに掌握し、国の経済力を確かなものにすることができなくなるからです。

有名なテレビドラマ「名探偵ポワロ」で、彼が優雅に自分で調理したエスカルゴを食べようとする場面がありました。ナプキンをきちんと襟首に垂らし、いざ口に入れようとするときに、事件を知らせる電話が鳴るのです。このときのポワロ氏は孤独を苦にしているように見えるでしょうか？

成熟した大人とは別れどきを知っている人

❖生きるとは、この世でいちばん稀なことだ。
たいていの人は、ただ存在しているだけである。
――オスカー・ワイルド、19世紀アイルランド出身の詩人・作家・劇作家

今、私たちの生活は、人間関係の限りない広がりのネットワーク上に構築されています。孤独は、といえば、「感情の成熟」と密接な関係にあります。

孤独は、自分の「内面の豊かさを見いだす」ことにも貢献してくれます。他人には依存しないことです。依存心は人を豊かにするどころか、反対に貧しくします。

成熟した大人になることとは、自己中心的でなく、人やもの、社会的地位などとの別れどきを知っているということなのです。

3

宝石のような
わが家を持つ人々

世界の狭小住宅にあふれる豊かさ

私が小さな住まいと言ってきたのは、ご存じのように屋根裏部屋だけではありません。また、ちっぽけな住まいで暮らすことが、美と洗練を欠く生活を意味するわけではないのです。

世の中には、珠玉のような狭小住宅もあれば、森番の小屋と変わりない広さでも贅沢感あふれるアパルトマンもあります。

人生が自分で紡いでいくアートであるなら、「住居」も人生のアートのひとつ。小さく暮らすためのさまざまな試みが世界のあちらこちらで起こり、今も続いています。それらをご紹介しましょう。

タイニーハウス会社のオーナーの家

❖建てながら自らを建てる。

——イヴァン・サンジュール、
フランスにおけるタイニーハウスのパイオニア・新聞記者・
「メゾンエコロジック」誌創刊

数年前、イヴァン・サンジュールはフランスで最初のタイニーハウスの会社を起業しました。カルチャーチャンネルのインタビュー番組で、彼は起業にいたるまでの苦労話を語っています。

さて、その彼自身が住んでいるタイニーハウスはというと、ツインベッドが中2階に設《しつら》えてある広さわずか10㎡の家でした。車輪がついているので可動式、一見キャンピングトレーラーのようです。

形状としてはふつうの家とまったく変わらず、三角屋根に窓がたくさんついていて室内はとても明るくなっています。太陽光パネルが2枚と電源盤にはヒューズが3本(タイニーハウスの電力消費量は非常に低い)、壁にはリサイクル衣料でつくられた交織生地が貼られ、遮音・断熱効果もあります。

シューボックスほどの大きさのガスオーブン、イタリア製の三口コンロはヨットなどで使われているもので、縦50cm、幅45cm、奥行き50cm。食器棚は水切りカゴと兼用で、直接シンクの上に取り付けられています。シャワーブースの広さは80cm四方、給湯はインスタントボイラー(水流を利用して発電する装置)、トイレも乗り物用の小ぶりなもので、浄化槽の重さはたったの25キロです。それに本が数十冊ほど。

家の価格は1万5000ユーロ(これには電化製品の価格も含まれる)。DIY(日曜大工用)であるため、自分で組み立て、工期は6週間かかるそうです。

なかでも彼が何よりも気に入っているのが、友人の農場の片隅を提供してもらっているので地主でも賃借人でもないという立場。加えて、家事に費やす時間や労力を大幅に減らせたことでした。

借金したくないアメリカ人たちの選択

アメリカでは、160m^2ぐらいの家が住宅の標準的な規格です。その家を購入するために借金をするのは、これまでまったく当たり前のことでした。

しかし、世界経済の変動はさまざまな分野で変化をおよぼしています。最近では、ウェブサイトでこのような自己アピールを見ることがあります。

「僕は取次エージェントをしていて、年齢は27歳、自分の家を所有しているけれど、借金はゼロ」

住宅ローンを組むことに恐れをなしているのでしょうか？　借金ゼロとは、アメリカのような国でこれはかなり衝撃的な文章です。

そのアメリカで、近年広がりを見せているのがタイニーハウスです。これもフランスと同じくDIYのハウス組み立てキットで、広さは15〜30m^2、2週間から3週間で組み立て可能、価格は最高でも3万ドル以下。

タイニーハウスを選んだ主な動機は、まず、「人生で確実なことは何ひとつないこと」、次に「最優先課題に集中するため、人生を大局的に捉える必要があること」だそうです。

優先課題とはたとえば、家族と過ごす時間を確保する、家族が病に倒れたときに看病のために半年間の休暇をとる（貯蓄額が低いので、月々返済の住宅ローンがあるとそれができないから）というようなことです。

確かに、ローンがなければ返済義務はなくなるわけで、これこそが、自由！　それに、広い家につきまとう余計な支出もなしです（たとえば車2台、芝刈りの時間、多すぎる衣類、パーティ費用など）。なにも、銀行にお金儲けをさせて喜ばすことはありません。

「贅沢はしたい、でもその規模を縮小するんだ」

私たちはつねに自分自身であるように促されている。
——ヘンリー・D・ソロー、19世紀アメリカの作家・思想家・詩人・博物学者

狭小住宅は、必ずしも「安物」または「低層階級」の同義語ではありません。そのコンパクト感、効率のよさ、洗練されたデザイン、あるいはオリジナリティー、そして何よりもその完璧なできばえから「珠玉の作品」と呼べる家々もあるのです。

インターネット上で検索してみるだけでも、素晴らしいミニ・コテージがいくらでも見つかります。これは新たな消費者層が生まれていることを意味しています。彼らは親が残した伝統的な大きな家に住み続けることを拒んでいるのか、あるいは前述のように数十年におよぶ住宅ローンに縛られるのを避けようとする人たちです。

「贅沢はしたい、でもその規模を縮小するんだ」と、こうした狭小住宅のオーナーた

ちは誇らしげに語るのですが、その考え方を私は正しいと思います。

世界中あちらこちらに、洗練された狭小住宅が建てられるようになりました。特にアメリカでは、移民による影響を受けた個性的な家が数多く見られます。

たとえば、スカンディナヴィアの田舎で見られるようなオフホワイトカラーの家に、フレスコが施された木製家具やシンプルで機能性を重視したシェーカー風のスタイルであったりと、自分たちの夢をかたちにしているのです。

しかし、なんと言ってもいちばん美しく感動を与えるのが、イギリスのヴィクトリア朝スタイルのミニ・コテージではないでしょうか。

ヴィクトリア朝スタイルのミニ・コテージの喜び

イギリスの田舎でよく見られるコテージの、懐古調な魅力に心を奪われない人はいないでしょう。傾斜する屋根、煙突、ベランダや壁を飾るツタや蔓《つる》バラ、木陰に一見無雑作につくられたイングリッシュガーデン……。

ロンドンっ子の憧れは、美しい田舎町にコテージを購入すること。現にそうした田舎のコテージは大変な競争率で価格は決して安くありません。

ただ、今ではまったく同じように建造することもできます。こちらは、本物のコテージと違い、面積が約30 m^2というサイズですが。

窓は庭側に面し、木製のベランダはツタに覆われています。屋根つきのポーチの前には木製の肘掛け椅子が置かれ、夏の夕暮れどきにそこで涼むことができます。屋根は三角屋根、天井には太い梁《はり》、室内のリビングルームでは冬は暖炉を焚き、柔らかい絨毯《じゅうたん》とソファが置かれます。

コーナーに食卓と椅子、そして機能的なミニキッチン、木製の階段が上階のふたつの小さい寝室とバスルームに通じています。水道やバスルーム・トイレの設備一式はイタリア製で、当初はヨットの調度品として開発されていたもの。床と壁に用いられている木板は高価な木材です。ベッドの調度品にはふわふわの羽毛布団にレースがあしらわれたカバー、足元にはペルシャ絨毯。

このようなコテージは遮音・断熱効果も高く、空気還流システムおよび防犯システムは、大きな家と同じものが取り付けられています。

オーナーの説明によると、狭いけれど現代建築にはない味わいと落ち着きがお気に入りとのこと。「家族仲も一時代前の家族のような親密さが生まれてきているかもしれません」と笑いながら答えていました。

このミニ・コテージの1m^2当たりの価格は当然高くなりますが、幸い土地の面積が少ないので何とかなるそうです。

ニューヨーク・若い実業家のワンルーム

ニューヨークの新しいトレンドでしょうか？　狭い中古ワンルームを安く購入し、

その購入費の倍以上のお金をかけて、モダンな住まいにリフォームするのです。

ある若い実業家が、そうしてリフォームした住まいを見せてくれました。

すっきりしたワンルームの隅に、仕事スペースが可動式の壁で仕切られていて、これを取り払えばちょっとした客間スペースが生まれるのです。

この壁には、ベッド、収納棚、衣服簞笥《だんす》などがすべて組み込まれ、帯紐を外すだけでベッドが倒され寝室に早変わりします。折り畳み式のテーブルや積み重ね可能なスツールがいざというとき活躍して、彼のワンルームには大勢の友人も招くことができます。

衣類までもそのシンプルな考え方に驚きでした。たとえば、彼の防寒具はフードと大きなポケットつきのダウンジャケット一着だったのです（帽子も手袋も兼ねるので）。

日本人建築家の空間を利用した現代の庵

日本では、人口密度の高い都市部の1m^2あたりの土地価格は驚くほど高くなっています。そこで、未来志向の建築家たちの多くが、以前から狭小住宅建築に意欲を見せています。

世界的に活躍する建築家のものとしては、安藤忠雄の「4×4の住宅」があります。その名前のとおり、各階が16m^2しかなく、地上4階地下1階の住居です。各階が玄関ホールとバスルーム、寝室、仕事部屋、リビングと用途が決まっています。家は瀬戸内海に面し、明石海峡大橋が息を飲むほどの素晴らしい景観を呈しています。

もう1軒、「小さな家」の名手である中村好文の作品であるこの家も、オリジナルな設計にこだわった野心作です。

まず、設計に見合った土地の購入から始まったそうです。求めていたのはたったの7m四方。家の高さは6mの2階建て。

最初は空《から》のバードハウスのようだったこの家は、じきに快適で甘美な隠れ家のようになります。なぜなら最も重視したのが「居心地のよさ」だったから。

室内はヨットの内部のようにすべて組み込み式で、洗濯機からファックス、電話まで、揚げ床の下に収納されているため、室内は何もない状態なのです。

この家は素朴で、上質のもののみが置かれているという意味では、昔の日本や中国の教養人が隠居した草庵《そうあん》を思い出させます（恐らく住人は私物のほとんどを整理したかもしれません）。

寝そべってくつろぐためのコーナーがいくつか設けられ、まさしくここは想いにふけったり、読書したり、友と語り合ったり、昼寝をしたりしてエネルギーを満たすのにふさわしい場所でしょう。

ヴォーリズ、私がいちばん心奪われる建築家

20世紀初め、20代半ばに日本へ移住したというアメリカの建築家ウィリアム・メレル・ヴォーリズが設計した建造物は、彼が住んでいた関西圏にたくさん見られます。個人宅や教会は、まさに「瀟洒《しょうしゃ》」と形容するにふさわしい。小ぶりなものでも、そこに住む人間の健康と住み心地を十分に考慮した住まいばかりです。階段の段差は低く抑えられ、窓には目を疲れさせないように琥珀《こはく》色のガラスがはめられ、手すりの角はつまずいて怪我をしないように球型になっています。

この建築家は何よりもまず大変人間味のある人で、職人たちに午後の5時には必ず帰宅するように命じていました。彼らが家族と一緒に過ごす時間を得、十分に休息をとり、英気を養って初めてよい仕事ができるとヴォーリズは考えたからです。

この倫理観をもとに建てられた建造物が、それをデザインした建築家の人間性、良

識に匹敵しないわけはありません。

ヨーロッパの旅で訪れたい著名人の家

旅は、明確な目的を持って行うと、より実り多いものになります。ヨーロッパの著名人の家を訪ねて歩く旅も、興味が尽きないのではないでしょうか。

モーパッサンもよく訪れたと言われる、『ボヴァリー夫人』の著者ギュスターブ・フロベールのクロワッセにあるパビリオン。

ランボーと並ぶフランスの代表的詩人マラルメが晩年過ごした小さな館。

ブルターニュ地方のケネス・ホワイトの家。

南フランスの有名なル・コルビュジエの小別荘。

ほかにも、モスクワの木造の文豪トルストイの家や、ノルウェーのトロールハウゲン（「妖精トロールの住む丘」という意味）に建つ作曲家グリーグの家など、数えきれないほどあります。

このように著名人の家を見学してみると、いかに素朴なつくりであっても、家がどれだけそこに住む人間にエネルギーをもたらし、その人たちに生き生きとしたインスピレーションを与えていたのかがわかるような気がするのです。

不安の時代に対抗するためのヒント

◆多分ナオミは、その子供らしい考で、間取りの工合など実用的でなくっても、お伽噺の挿絵のような、一風変った様式に好奇心を感じたのでしょう。（中略）実際たった二人でいるなら、あのアトリエの一と間だけでも、寝たり起きたり食ったりするには十分用が足りたのです。

——谷崎潤一郎、20世紀の作家、『痴人の愛』(新潮文庫)

見かけは小さくて簡素、でも粋でトレンディな家、これが今後数十年間、建築分野で時代をリードする住まいのかたちになるのではないでしょうか。

今後、私たちは世界中の大都市が抱える困難な住宅問題と向き合い、テロや伝染病、まったく先の読めない経済変動から自分たちの身を守っていかなくてはなりません。地球上の森林破壊や過剰な資源掘削も止めなければ、そのつけは次世代の子どもたちが払うことになります。

そのため、住まいに対する価値観もこれからは必然的に変化していくと私は見ています。

積極的に、工業生産されたものの使用を極力減らし、消費に変わりうるものを探し、再生エネルギーに切り替えていく。こうした姿勢も確かに大切でしょう。でも、狭い空間で満足して小さく暮らすこと。これこそが私たちの地球を守る究極の解決策ではないかと思います。

より小さな家に住み、消費を少なくし、それでも十分幸せになれることを認めること、これは環境保護や人口過剰の問題を解決する糸口になるかもしれません。

少なくとも大都市において、狭小住宅が今後は「選択肢」ではなく、避けられない「必用」になる日も近いのではないでしょうか。

マンハッタンではおひとり様仕様が増加中

前にも述べたとおり、先進国ではひとり暮らしの人の数は増す一方です。結婚する男女も減少しています。女性も子どもをたくさん産まなくなってきています。

その一方で離婚する人は増え続け、私たちの平均寿命は延び、長生きするようになっています。

住宅不足は特に大都市においては危機的状況です。2010年に行われた調査によると、ニューヨークのマンハッタン島の76%がひとりかふたり暮らしで、その傾向は都市のほかの地区にも広がりつつあるというのです。

住宅価格が高いため、住民は狭いアパートに住んでいます。なかにはガスオーブンを収納家具として使っているという人がいるほどです。

ニューヨーク市長はその解決策を見つけるために建築家たちに呼びかけ、現在彼らはマンハッタンの中心に画期的なビルを建設中です。

これらのビルは「マイクロ・ユニット」と呼ばれる28m^2未満の極小アパートで構成され、各ユニットにはバスルーム、トイレ、内蔵されたミニキッチン、ソファベッドを置くには十分のスペースがある寝室兼リビングのワンルームからなり、住みごこちは快適だそうです。

賃借人の3分の1が、収入の半分以上を家賃に充てざるを得ないという現状の不動産市場では、このような小さいワンルームは、将来的に住宅不足の解決策になることでしょう。

同様のプログラムがほかの都市においても推奨されています。サンフランシスコでは、市民が先頭に立ち、広さ15 m^{2}の住宅の建設が考案されていると言われています。それは、なんと学生の下宿部屋の広さです。

若者たちが欲しているのは「時間」と「経験」

さて、次世代の若者は、私たちの世代のように広い住まいを必要と考えているでしょうか？

彼らの生活様式はますます「遊牧民（ノマド）」化しています。親世代がしてきたような、同じ場所で一生をかけてキャリアを積んでいく仕事をすでに拒否している彼らが、どこかに定住することを望むでしょうか？

大きな家を手に入れるために、人生設計をする生き方を選ぶでしょうか？

また、幸せになるために、ものを溜め込む欲求が、彼らに芽生えるでしょうか？

最近の若者は、ものにはさほど興味を示さないように見えます。服もあまり買いませんし、グルメや結婚、家族をさほど重視しない傾向が見られます。

彼らがほしいのは「時間」と「経験」ではないでしょうか？

今日の私たちの生活で、もはや避けて通れない、強い影響をおよぼしている要素がもうひとつあります。科学技術の発展です。すでに、パソコンが1台あれば、遠距離で仕事をすることも、在宅ワークも可能になっています。さらに、3Dプリンターが低価格化してきているので、いずれものづくりも家で可能でしょう。そうなるとますますオフィスは必要ではなくなり、わざわざそのための空間を確保する必要もなくなるわけです。

次世代の若者たちはもしかすると「芝生とプールつき」ではなく、小さな家に家庭菜園、そこで収穫した良質な食材を夕食の皿に載せることを、そして借金や悩みから解放されて生きることを願うのかもしれません。

少なくとも私は、彼らにそのようになってほしいと切に願います。

4

日本に息づく
シンプルな美に学ぶ

空間を理解できない人に日本は理解できない

◆明かりは触れるものすべてを高尚にしていく。
材木、本、ナイフの柄、顔の輪郭、
そして過ぎゆくとき、空中に浮遊する埃《ほこり》までも。
——シルヴァン・テッソン、作家・冒険家、『シベリアの森の中で』

空間を理解できない人に日本を理解することはできない、と言われています。このことは伝統的な日本の室内を見学すると納得できます。

日本人が室内に求めるのがこぢんまりとした安らぎの空間で、それを広げることを必ずしも求めていないとわかるからです。彼らにとって部屋がもたらす魅力や安らぎは、まさにその狭さでもあるのです。

もちろん、人それぞれ異なった好みがありますが、それは多かれ少なかれ生まれ育った文化の影響を受けるものです。

西洋ではさんさんと陽光降りそそぐ環境を生活の場に求め、それが西洋文化の贅沢の基準となっています。不動産屋が広告を打つときには「陽当たり抜群」と明記することを怠りません。

『陰翳礼讃《いんえいらいさん》』の著者谷崎潤一郎のように、日本人の中にはあえて薄暗い室内を好む人もいます。そういう面では、日本人は世界でもめずらしい美意識を持っていると言えるかもしれません。

陰翳礼讃——薄暗さにはえる日本の道具

日本の厠ほど、恰好な場所はあるまい。
そうしてそれには、繰り返して云うが、
或る程度の薄暗さと、徹底的に清潔であることと、蚊の呻《うな》りさえ耳につくような静かさとが、必須の条件なのである。
——谷崎潤一郎、20世紀の作家、『陰翳礼讃　改版』（中公文庫）

昔の日本の建物をめぐると、室内はその美意識と快適さを、可能な限り直射日光を避けた薄暗さの中に求めているように思えます。日本人は影、木肌、薄暗い部屋の片隅などを好んでいたようです。日本の伝統的な室内はつねに高級指物《さしもの》細工師の作品のようでありました。

でも、なぜこれほどまでに薄暗さに傾倒するのでしょうか？

それは、薄暗いほうがものも人もすべて美しく見えることを、彼らはもともと知っていたのでしょう。行灯《あんどん》やガス灯の影が見せるゆらめきはすべてを神秘的、優雅に仕立て上げます。

谷崎潤一郎の著作『陰翳礼讃』を、ぜひもう一度手にとってみてください。屏風《びょうぶ》や絹地、漆器などに描かれていた金色が見せる、薄暗さの中での深みのある美しい色合いに納得できるはずです。影が織りなす濃淡に射す光の揺らぎによってのみつくられる日本式住居の美には、装飾品などいっさい必要ないと谷崎は語っています。

日本と同じように、陰翳を住まいに求めるのがイギリスの伝統的な家屋です。

もっとも瀟洒《しょうしゃ》なイギリス式インテリアの壁面は、高級木材による板張りで、窓には直射日光を避けるために分厚いカーテンが吊るされ、窓ガラスにステンドグラスがはめ込まれていることもあり、室内はかなり薄暗く感じます。

これは中流階級の白で統一された明るくモダンなインテリアとはまったく逆の趣向ですが、心と体の安らぎのために、影はやさしく、心地よいものです。

シンプルな空間を好みに仕切る秘訣

日本人は、人目に触れない部屋の片隅が意図的に薄暗いことが、「空間を生む」と考えます。

昔の日本の狭い室内では、すべてが軽く柔軟でこぢんまりとしています。余計なものは何ひとつなく、さりとて足りないものも何もなく、すべてが瞬時の必要にも対応できるようなシンプルなつくりになっています。

シンプルな分探すのが楽しくなるような「工夫」が随所に見られます。小さな炉、折り畳み式のテーブル、盆、屏風、移動できる間仕切り、竹すだれなど可動式なものが多く用いられています。

すだれに関しては、これがあるだけでそこに住む人は空間を仕切り、好みに合わせて照明や部屋の質感を楽しむことができるのです。

空間の創造者・千利休の畳

❖ 我々はみな相応しいものが何であるかを熟知しています。

相応しいものを知ってこそ、人生のそれぞれの瞬間で
価値あるものをつかむことができるし、
そういう稀な場合に、すべてのものの調和がとれ、
必要な強さでそれを享受できるのです。

――ミュリエル・バルベリ、作家、
『優雅なハリネズミ』(河村真紀子訳、早川書房)

神道の神々の領分と俗世界の境界線を引くために、地面に正方形を描き、その四隅に棒を立てることから日本建築は始まったと言われています。

さらに、畳に代表される室内の伝統的な日本の建築スタイルは、茶の巨匠、千利《せんのり》休《きゅう》によって考案されました。畳を敷いた茶室はあまりにも美しかったのでまずは富裕層に浸透し、次第に庶民全体に広まっていきました。

日本の敷物の代表的な畳とは、およそ180cm×90cmの木製の芯材にイグサを編み込んでつくられたゴザを被せ、四方を折り込み、縁と呼ばれる帯状の布で留めたもの

です。畳の寸法は大人が横になった場合に占める面積に合わせてあります。その半分の大きさの畳もあります。

伝統的な畳の部屋には、通常この畳を3枚、4枚半、6枚敷き詰めます。この組み合わせで、3畳の場合を除き完全な四角形の部屋になります。これは神道では聖なるかたちですが、幾何学的に見ても、四角には円が入り、円は永遠を示すかたちです。

具体的には、日本家屋の室内では、四角い畳部屋は実際の寸法よりも広い空間に感じさせます。このことは、寸法が幻想でしかなく、空間とは、理想的な比率による尺度感覚によって決まることを見事に証明しています。

自然を手もとに置く京都人の坪庭

❖自分の家に「日本」をつくる前に、まずその心を知ることです。

——ベルナール・ジャネル、20世紀フランスの建築家・造園家、

『フランスの日本庭園　景観の詩情と美』

人間は誰でも自然との接触を必要としています。狭い空間においても、小さなベランダをジャングルにしてしまう、窓辺に植木鉢を飾るなど、想像力を少し働かせるだけで、自然を取り込むことはできるでしょう。

なかでも比べようもなく素晴らしいのが、小さな空間を心理的に大きな空間に変貌させる日本庭園。ここでも、このような庭園を造営した庭師たちは、限られた面積の貴重な空間を豊かなものに一変させています。

京都の伝統的な町屋の奥には、必ずといってよいほど「坪庭」と呼ばれている小さな庭があります。

この庭は一般的にはちょうどベランダの広さ、すなわち畳2畳分の約3・3m^2の広さになります。ところが、この小さな庭には自然を構成するものが、すべて入っているのです。樹木、花、水、岩、苔などがていねいに配置されています。葉つきのしっかりした灌木が2本ほど、奇妙なかたちをした植木がひとつふたつ、岩または大きめの石が少々、苔むした水盆というように。

この庭は通常薄暗く（四方を建築物などにかこまれているので）、唯一、ツル科の植物だけは少しでも日光に当たるように配されています。影を織りなす四隅にはエメラルド色の艶やかな葉を持つ植物が植えられ、これが縁側や外廊下に静けさをもたらしてくれます。

しかし、何にも増して美しいのは、色褪《あ》せた木製の平桶、矮性《わいせい》の梅の木（2月に花をつけます）、植木鉢に植えられた高さ60cmほどの樹齢200年の松というように、小さくとも時代を超えたその威容です。

眺めるだけの坪庭から発せられる力

坪庭は、西洋の庭のように、そこを散歩するためにあるのではありません。坪庭は周囲からただ眺めるだけのためにあるのです。ですが、ときに見るものを散策にも誘います。それは自分の内面への散策ということです。

坪庭は自然と人間の絆を強めてくれます。わずか数m^2ばかりの空間ですが、そこに視線を向けると、自らの心の空間にまで思いをめぐらせることができるのです。

さらに、その坪庭に水をやり、世話をすることで瞑想《めいそう》に近い静けさと深淵な気持ちに浸ることができます。この坪庭の美しさとそれが放出する正のエネルギーを取り込むことで、私たちは「英気」を養えるのです。

坪庭を世話する人たちは、このような庭を愛でることは、限りない喜びであると同時に、生きていくうえで必要なことだと言います。それは、日々移ろいゆく人生の中で、変わることのない永遠を眺めているようなものだからと。

盆景、世界でもっとも小さな庭をつくる

❖現実はすべて自分においては全体となる。
宇宙の中のすべては宇宙のようである。

——マルセル・グラネ、フランスの社会学者・中国学者、『中国的思考』

世界でもっとも小さい庭は中国にありました。そして、その小さな庭は自然を必要とする人たちにとってみれば、美、現実逃避への誘い、洗練の極みであり、情熱をそそるものでした。

この庭は、中国語ではPenjing（ペンジン、漢字では盆景）と呼ばれ、起源は8世紀にさかのぼり、当時学識ある人々のあいだで好まれたと言われています。

彼らは盆景に天国の象徴、「ミクロコスモスの世界」を見ていました。このミニチュアガーデンは、彼らにとっては、不変性とはかなさを現世において証明するものだ

ったのです。

彼らはこの庭に置かれる「石」を人間の運命である「山」になぞらえています。また、中央にひび割れが見られる石は、その風雨にさらされた様子が山の噴火口に似ているとして水とその繁栄を物語ります。こうした「石」は宝物のように重用され、収集家のコレクションになっていたようです。

たとえミニチュアサイズでも、盆上に配置された石や苔などの植物には、もっとも美しいとされる自然景観の壮大な尊厳を思い起こさせるものがあります。

今日では、かつての盆景愛好者が減る一方、若い世代が注目してきています。

この盆景を日本のミニ盆栽を使って手づくりするのもおすすめです。まるで箱庭療法のような効果なのでしょうか、黙々と手を動かし、頭では完成図を想像する作業が、驚くほど気持ちのバランスをとってくれます。

この盆景のつくり方はウェブサイトや書籍に載っています。あなたが日頃から大切にしている盆栽にとっても、ようやくその身の丈に合った自然環境を提供してあげられます。山や岩、水流のもとでまるで違って見えるかもしれません。

最近は手軽なミニ盆栽というのもありますから、それを盆景の一角に配して、手初めにオリジナル盆景をつくってみるというのもいかがでしょう?

盆景の主役は盆石と呼ばれる石、それと水。まずは石の配置を決めて崖、洞窟(穴の開いた盆石を用いる)、山をつくります。次に海、川、滝、沼などを形成していくのですが、白色の化粧石を敷いて海に見立てることもできます。石でつくった山間に、苔やミニ盆栽を木々に見立てて配置したりするのです。

これはもともとの自然景観を上手に取り入れながら造園する「風景式庭園」にも通じるもので、イギリス人が得意とする手法です。

あなたがつくりたい世界を、一枚のお盆の上でぜひ創造してみてください。

日本人が床の間を愛した秘密

日本式の畳の部屋に床の間のある家が、いまだに結構見られます。床の間は、部屋の壁の一角に奥行きのある空間をつくります。視覚的に立体感を出すための座敷飾りのひとつで、そこには通常、掛け軸といけばなを飾ります。ただでさえ狭い部屋に、このような空間を設けることは一見無駄のように見えますが、それはまったく逆。部屋に入ると私たちの視線はまず床の間に集まります。床の間は、まるでそこに心の内面に通じる象徴的な窓があるかのような不思議な空間です。それを眺めているだけで気持ちが安らぎ、魔法の力が湧いてきます。

ご自宅に造りつけの収納棚、あるいは壁に窪《くぼ》みがある方は、ぜひそこを床の間にリフォームしてみてください。背の低い引き出し箪笥《だんす》を配し、その上の空いた空間に小さなランプまたは小さな鏡を置いてもいいでしょう。

洗練は慎み深さから生みだされる

日本建築には、日本文化の大きな特徴である慎み深さをいたるところに感じます。住まいの飾りつけひとつとってみても、人を高ぶらせたり、慢心させたりするためでないことが明らかです。

日常のとるに足らないものごとの中に美を見いだし、空間は贅沢とわきまえながら、日本建築が示すのはシンプリシティと謙虚さなのです。

茶の師匠、千利休はとりわけ小さい茶碗と茶さじを好み、その寸法を畳の目数で測ったと言われています。彼の流儀は誰とも比較できないほど自由でゆったりとしていて、いっさい急《せ》いた様子はなく、利休が茶を点《た》てるのを見ているだけで気持ちが和むと言われました。

その清潔感、軽い身のこなし、柔軟な考え方、明晰な受け答え、緻密な生き方、利休は日本の美徳、美意識を体現するお手本的存在であるのです。

千利休は、茶室の床の間に花を活けずに、水を張っただけの花器を置いたことがあり、茶席に招いた客に「あなた様のもっともお好きな花をご想像で活けてください」とさらりと言ってのけたと言われています。

禅が、極限の生き方からなることを、今一度思い起こしてみてください。禅僧らは、手持ちの限られたものを用いてでも、美と調和の世界に到達するために、節度や慎み深さ、謙虚さのうちに完璧さを求めているのです。この姿勢は、なりゆきと変化に身をゆだねて、臨機応変に自由に生きる生き方にも通じるものです。

5

上質に暮らす
インテリアの知恵

居心地よく暮らすためのコンランの教え

❖よいデザインとは98％が実用的センスで、残り2％のみが美意識。

——サー・テレンス・コンラン、20世紀イギリスの家具デザイナー・著述家

シンプルに生きるとは、ものや思いわずらいにとらわれないということです。小さな暮らしが、シンプルな生き方を可能にするひとつの具体策なのです。狭い部屋に住むからといって、素敵な暮らしができないというわけではありません。

私はパリに帰ると、魔女のキキのように住まいの屋根裏部屋の窓辺に座りパリの19世紀から続く街並みを眺めるのが大好きです。まさに魂が満たされるひとときを味わっています。

私の部屋のように、たとえ狭いスペースでも、窓からの眺めが川や海、公園などを一望できる場合、部屋はスペシャルな価値を持ちます。

また、都会の一室で眺望がなくとも、あなたが12m²くらいの部屋の持ち主なら、まるでハイグレードなヨットの船内やキャンピングカーのような機能的な美しさを持つ部屋に変えることは可能です。

居心地よく暮らすには、コンランが述べているように、「実用的なセンス」を生かすのです。

食べる、寝る、洗う、くつろぐというように、生きていくうえで必須となる行為がスムーズに行えるよう知恵を働かせましょう。快適な室温、統一のとれた色調、電気製品もバランスを考え、小さな液晶テレビや冷蔵庫というように、空間を賢くシンプルにレイアウトする技を習得するといいのです。

家が大きくなればなるほど、一般的にそのできは悪くなるという建築家さえいます。さまざまなアイデアを取り入れた巧みなレイアウトさえあれば、優雅に快適に小さく暮らすことができるのです。

この章では、私が実践している方法をお伝えします。

高級ホテルをイメージしたパリのミニアパルトマン

家は世界のなかのわれわれの片隅だからである。
それは――しばしばいわれてきたように
――われわれの最初の宇宙である。
それはまぎれもなくコスモスなのだ。文字どおりコスモスなのである。
もっともみすぼらしい住まいでさえも、内部からみれば美しくはないか。

――ガストン・バシュラール、20世紀フランスの哲学者、
『空間の詩学』（岩村行雄訳、ちくま学芸文庫）

最近パリでよく見られるワンルームは、通常、機能的にはすぐにでもそこで暮らせるつくりになっています。

このミニアパルトマンには、小さな玄関、ユニットバス、ユニットキッチンが居住

する部屋とは別に設けられています。

このタイプの住居に住む人は、圧倒的に独身者や若いカップルが多いのですが、なかには「賢い」高齢者もいます。大都市におけるこの手の住まいの拡大は、斬新なアイデアや数多くの発見をインテリア分野にもたらしました。

狭い空間でも天井の梁《はり》をそのままむき出しにし、暖炉コーナーをつくることで限りなく瀟洒《しょうしゃ》な住まいに変身させることもできます。有能なインテリアデザイナーらは、たった20m^2の空間でも豊かな住まいに生まれ変わらせています。

高級ホテルの室内をイメージしてみてください。そこに小さなキッチンと洗濯コーナーを加えてみるのです。

ホテルに滞在していると、荷物自体が必要最小限ですので、片づけにつねに追われることはありません。そんな部屋にいつも帰宅できれば、仕事の疲れも早く癒えるでしょう。

そこで必要なものとは何か、一度リストにしてみると、不要なものは減らせるはずです。長旅に持っていく荷物を考えると参考になります。

これらすべてが、温かい調和を醸しだすインテリアでまとめられているワンルームなどいかがでしょう。

「足りないものも余計なものもない」部屋

薄暗い明かり、花瓶に挿した一枝の花、壁には書の掛け軸、ただそれだけ。

――ソフィー・ド・メイラック、ベルギーの作家、『茶室物語』

「空間」とはなんと豊かな言葉でしょう！　ただし、住まいに関しては面積と混同しないようにしましょう。というのも、「スペース」は必ずしも面積を意味するものではないからです。

狭小住宅でも設計が優れていれば、その面積の倍はある別の物件よりも広く見えることもあるのです。大切なことはその空間が最大限に活用されていることと、それがもたらす生活の質です。

「足りないものも余計なものもない」という考えをベースにていねいに設計された空間、このような空間こそが心穏やかで整然とした生活を可能にしてくれるのです。

ただこれを偶然にまかせておいては駄目です。家族4人が住む家が小さな家であれ、肝心なことはそこで家族みんなの食事をつくり、体を洗い、静かに睡眠をとり、くつろぐことができなくてはなりません。

また、音楽家は楽器演奏のできる防音装置のあるスペースを必要とするでしょうし、日曜大工をする人には作業場がいります。しかし、その空間は広さではなく、その場所が最大限に活用されることなのです。

実際の広さよりも狭く見えたり、場所がないとストレスを感じるのは、レイアウト、配色、家具の選び方、ものの配置場所が間違っているのです。

このとき、空間をつくるために必要ないちばん大事な要素は「何もない」ということ。「何もない」部屋は、どんなに狭く小さい部屋でも視覚に、そして心に何かほっとさせる安らぎを与えてくれ、そこに置かれたわずかなものを引き立てる効果を発揮します。

淡い黄色がかったベージュで室内をまとめる

私はロンドンに行くと、必ずヴィクトリア&アルバートミュージアムを訪れます。ここにコルビュジエと同じく、近代の三大巨匠のひとりアメリカの有名な建築家フランク・ロイド・ライト氏が設計したサロン・ベージュと呼ばれている部屋があるのです。今までこの場所に何回足を運んだかわかりません。

部屋は、壁や床だけでなく椅子の腰掛けの部分などまでが同じ材質、同じ色で統一されています。それはとても薄いベージュのモケット生地です。

このように、室内にあるものすべてを同じ色でまとめると、目を見張るほどにその空間は広く感じられます。もちろん、すべてのものを同色で統一させることはいささか無理があります。そこで、同じトーンならば、洗練されたやさしいグラデーションが生まれます。

さらに、視覚的な広がりとともに明るさも大切です。壁や家具、床を選ぶ際には明るい色を選びましょう。明るさが質感をも変化させます。

「綿」「麻」「生成り」または「雲」「灰」というような天然色のトーンは、ただの白よりも温かみを与えます。もっとも温かく安らぎをもたらす色は「淡い黄色がかったベージュ」。この色は晴れた日には美しい金色に見えます。白地にこのようなベージュを少しだけ取り入れる、またはベージュ色のペンキや和紙を壁に用いると、瞬時に部屋が変わります。

ただし、部屋全体をひとつに統一させる効果がある単色（モノクローム）とは反対に、対比色は目に障ります。狭い部屋では花柄や重苦しい模様の壁紙は避けましょう。赤やグリーンのような強い色が入ると目を疲れさせます。

室内に置くものを限りなく減らし、可能な範囲で色とその材質が類似するもの、または調和するものに変更するだけで、部屋は非常に広く感じられるようになります。こうして仕上げた部屋は、インテリアデザイナーのアドバイスがなくても、それをはるかに超える効果をもたらしてくれます。

絨毯とカーペット、どちらを選びますか？

あなたは分厚い絨毯《じゅうたん》と薄手のカーペット、どちらを選びますか？

おすすめなのはカーペットです。部屋全体に敷き詰められるカーペットには、室内を広く見せる効果があります。そして絨毯よりも快適です。

デラックスホテルと呼ばれるクラスのホテルのロビーで、フローリングの上に見事に分厚い絨毯が敷かれているのをご覧になったことがあるでしょう。残念ながらこの分厚さではどうしてもダニが入り込みます。そしてダニは絨毯のみならず、肘掛け椅子にも、ベッドのマットレスにも、枕にも潜み込むものです。

ダニを防ぎ、なおかつ床の色を室内のほかの部分にまで広げていくための唯一のものが薄手のカーペット。部屋にアクセントをつけたければ、カーペットにこげ茶色、グレイ、グレイがかったブルー、またはチャイナグリーンという濃いめの色が入っていれば、部屋の印象に深みを出せます。

室内に立体感をもたらすペンキの効果

艶消しペンキと光沢のあるペンキを上手に使い分けると、室内空間に立体感が出ます。光沢のあるペンキは日の光を捉え、それを反射させます。またランプの明かりの下では、微妙なきらめきを与えてくれます。

このミラー効果は、柱の刳《く》り模様やドア、窓枠など、部屋に施されているさまざまな要素を引き立てるのです。

鏡の長所短所を心得ての空間づくり

空間のイリュージョン、幻想をつくりだす道具の中でも欠かせないのはやはり鏡です。鏡はサイズが大きいほど効果的でしょう。映すものすべてを2倍にするだけでなく、光も反射します。

全身を映す縦長の鏡ではなく、横長の鏡が思わぬ効果を上げます。たとえば背丈の低い家具の上にその鏡を置くと、インテリアに深みが増します。

玄関の靴箱の扉に鏡を取り付ければ、外出のとき身なりのチェックもできるので便利です。ユニットバスのように壁面に鏡がついていないバスルームには、腰かけるとちょうどいい位置に、横長の鏡をカランや浴槽の上側へミラーベルトのように配すると開放的な印象になります。

ただし、注意していただきたいポイントもあります。広い印象を与えるためとはいえ、やたらと鏡を置かないこと。それではまるで部屋の狭さを欠点と認めているかのようですから。さらに、すべてを反射してしまうので冷たい印象を与えかねません。

また、散らかった部屋が鏡に映ると、散らかりも2倍になるということをお忘れなく。

照明でつくりだす空間の奥行きと和らぎ

部屋を視覚的に広く見せるために、照明器具は必要不可欠です。とともに、照明は部屋全体の色調を決めるので、装飾面においても重要なアイテム。

広さを演出するならば、天井の四隅近くに照明を設置すると、部屋はより広く見えます。できれば、明るさを調節できるものを選ぶとよいでしょう。そうすることで、異なったムードを味わえます。

床に置く照明は縦長で脚が細く、シェードが明るい色のものを選びましょう。本棚の裏に半ば隠すかたちで小さなクルミ大の照明を配すると、控えめで和らいだ明かりとともに、室内が一層魅力的になります。

壁面のひとつには何も置かないと決める

できれば壁面のひとつには何も置かず、何も飾らず完全にあけておきましょう。これは視覚的に狭い部屋に圧迫感を与えないためです。

家具は少なければ少ないほど、また家具のサイズも小さいほうが室内は広く感じられます。パネルヒーターなら壁面が有効利用できます。

つくりつけの壁面収納にしてみるのも一案です。壁一面に棚を取り付け、一部はオープンにし、テレビやステレオを置き、ほかは扉をつけて見えないようにします。液晶テレビの下部をレールにはめ込み稼働式にすることで、テレビを壁面キャビネットのスライドドアに仕立てることも。

落ち着いた空間にするための、ちょっとしたコツをお教えします。本棚に本を並べるときに、本の小口（本の背の反対側）を手前にして並べるのです。新刊から古本、それぞれに白っぽいベージュから黄ばんだベージュと紙の色のグラデーションをつけながら並べると、見た目もシックです。

来客もあなたがどんな本を読んでいるのか興味津々で本棚を物色することもなくなります。こうすることでお気に入りの本を人に貸して、二度と戻ってこない、という不幸も避けることができます。

シンプルで便利さを追求した家具を選ぶ

嵐用のランプが室内にわずかに光を放っていた。
部屋の空気はほっこりと温かかった。
世間の人たちは、どうして室内に家具を置こうとするのか
不思議でならない。
この部屋のような殺風景なほどの簡素さが、
私の目にはとても魅力的に映る。

――ウィルフレッド・セシジャー、20世紀イギリスの作家・探検家、
『アラビアの砂』

家具の重厚な存在感は広いスペースがあれば許せますが、シンプルな暮らし方を望んでいるならば邪魔な存在です。今まで使っていた大きな家具を、より軽量で小さい

サイズの家具に取り換えてみたり、思いきってリフォームするならば前に述べた壁面収納や可動式家具に優先権を与えましょう。

また、軽くて折り畳めるもの、高さが調節できるテーブルなどは大変重宝します。家具はシンプルで便利なもの、デザインもできるだけニュートラルでかたちも幾何学的なもの（デンマーク製家具、または1960年代の家具など）がおすすめです。

トランクを3つ段重ねに積み上げると（トランクの中にはシーズンオフの衣類を収納するといいでしょう）、ナイトテーブルとして使うことができます。

透明の家具（ガラス製のテーブルなど）や高さが低い家具（韓国の小簞笥Yicho）などは、さらなる空間を与えてくれます。

小さな子どものいる家庭では、籐製の椅子のように持ち運びが楽な家具もいいでしょう。

共同スペースは広くとれなくても、部屋の中央に上下昇降して高さの調節ができるテーブルを置いて、ソファ2台でそれを囲むように置く、またはソファを壁に沿ってL字型に配してみてください。そうすればテーブルを低くしてリビング、テーブルの高さを上げることでダイニングとして利用できます。軽いスツールがひとつかふたつあると大勢集まったときに便利です。

視覚で感じる心地よさをもっと意識する

❖小さくて丸い焦げ茶色の素焼きの急須。
蓋の上には陶器製の亀が頭をもたげている。
古色の艶やかさを放つこの急須には、長い歳月を感じさせるものがある。
彼は暗い眼差しで言った。
この急須は彼とずっと一緒なのだ、と。
――ソフィー・ド・メイラック、ベルギーの作家、『茶室物語』

視覚には、平凡でありふれた日常を非日常的なものに変える特別なパワーがあります。ものに見る美しさとは、そのものの持つ商品価値ではなく、そのものの「健気さ」と「謙虚」さです。

花瓶を例にあげると、まず座りがよく、そして色も控えめであること。このようなものは毎日見ていても飽きがこなく、かえってそのやさしさ、慎み深さが心を癒やしてくれます。

狭い空間で心地よく暮らすためには、目立ちすぎるもの、奇抜なデザインや自己主張しすぎるものは、しまいには息苦しくなるので避けます。

置かれているものがニュートラルで、目立たず、穏やかな自然色であればあるほど、まるでそこに口数の少ない人がいるように、その存在に心地よさを感じられることでしょう。こういったものが室内に「禅のムード」をもたらしてくれるのです。

インテリア雑誌やウェブページで最近よく紹介されている禅風レイアウトには、マーケティングの影響でしょうか、キャンドル、仏像、碗と箸、イミテーションの漆器、大きい角皿というようなものが「禅スタイル」と称して並べられていますが、これは原点からまったく離れています。

清潔感あふれる香りの効果を生かす

❖水打てば　御城下町の　にほいかな

――芥川龍之介、大正時代の日本の小説家

空間に関して多くの人が過小評価する要素が、「整頓」と「清潔」さです。室内の散らかり具合は最初に目に飛び込んできます。清潔で片づいた場所は、確かに埃《ほこり》まみれで散らかった場所よりも広く感じます。きれいに磨かれた窓ガラスは室内をより広く感じさせます。

清潔感を感じさせる目に見えないテクニックは、よい香りです。香りは、何もない部屋の空間を10倍広くすると日本人は言います。

しかし、それは何も芳香剤やお香である必要はなく、蜜蠟《みつろう》の匂い、またはワックスで磨かれた床の匂いのような香りでもかまいません。こうした香りは気持ちを落ち着かせ、いっそう清潔感を漂わせます。

無駄なものを減らすもっともシンプルなコツ

あるべき場所にものがきちんと置かれている場合、想像以上に日常生活の段取りが、気持ちよくリズミカルに進められるようになります。

片づけ方が機能的でよく考えられたものであれば、持ち物も少なくなり、狭い空間でも居心地のよい安らぎの空間に変わります。本当に必要不可欠なものだけを選び、それぞれに収納場所を決めましょう。

これはクローゼットの中、これは棚の上、箱の中という具合に。狭い空間ではどのような小さなコーナーも貴重で、賢く活用されなくてはなりません。

バッグ、ハンカチーフ、筆記用具、靴、靴磨きセット、このようなものは玄関の近くに収納するとよいでしょう。

靴以外のものは玄関ドアの上方にカーテンを取り付け、カーテンの下に隠れるようにフックをつけそこに吊るした袋に入れて片づけます。靴は靴箱に入れて棚に積み重ねるか、玄関に場所がなければ、ソファやベッド下のデッドスペースに仕舞います。

空間は「贅沢」と思うことです。1cm四方でも無駄にしてはなりません。

掃除機からお鍋まで小さなものに変える

◆優雅さですか？
それは、力まずにひとつの動作を成しとげることです。

優雅な動きを見せる人は、最低限の努力で筋力を使える人です。

——ハーバート・スペンサー、19世紀イギリスの哲学者・社会学者私たちは今まで大型サイズのものの中で過ごしてきたので、もしかすると小さく軽量、人間工学的なサイズに立ち返ることが怖いのかもしれません。ですが、所持するもののサイズを可能な限り小さくして、不便を感じたことはありません。

今日では掃除機ひとつとっても、充電式コードレスのものであったり、2・5ℓの小型ココットや、直径15cmの鍋と深鍋・フライパンの3点セット（共有できる鍋蓋もあり）、3kgまで洗えるミニ洗濯機、キャンピングカー用のミニ冷蔵庫（冷蔵保存するものは肉や魚、乳製品以外は意外と少ないものです）などなど、小型製品は探せばいくらでもあります。

これらの製品がシングル対象に製造されているとはいえ、ふたり暮らしまででしたら十分対応できます。

最近では、鍋でも、煮込みから、フライ、蒸し焼きの3役をこなすなど小型であるうえに多機能な製品が増えています。ぜひ見つけてみてください。

装飾と片づけを兼ねた工夫を楽しむ

◆幾何学の教師は、広い空間の計測の仕方を教える。しかし人間が生きて行くための必要最小限のものを正確に算定し、教えてくれたほうが良い。

——セネカ、ローマ時代の政治家・哲学者・詩人、『ルキリウスへの手紙／モラル通信』（塚谷肇訳、近代文芸社）

引き戸、アコーディオンドア、折り畳み式のテーブル、部屋を2分割するカーテンなど、小さな住宅において分割したり、反対に境界をなくしたりするための工夫はいくらでもあります。

キッチンの調理台に引き出し式の板を取り付け、まな板兼補助調理台として使うこともできます。

室内に置くものに関しては、できるだけ装飾と片づけを兼ねたものにするといいでしょう。

ソファに置くクッションの中身は使わない布団カバーを詰める。イギリス風2段重ねのケーキプレートは、小さなテーブルの上でも場所をとらないので、フルーツやジャム、ビスケットを載せてもてなしに使うだけでなく、鍵やピルケース、眼鏡置きにしても便利です。

冷蔵保存の必要のないフルーツや根菜などを入れて吊るす大中小のカゴが数個連なる吊るしカゴは、アイデア次第でいろいろ使えるグッズです。くり返しますが、使える空間は無駄なく使いましょう。

狭くても至福の時間を過ごせる寝室

寝室が快適であるために、広さは関係ないと思いませんか？　そこではたいてい座っているか寝そべっているかなのですから。

ベッドとナイトテーブルに、壁面にはクローゼット。クローゼットには引き出しタイプの勉強机、本棚と液晶テレビを置く棚がすべてひとつの壁に納まるようにつくりつけにするとすっきりします。これらをすべて組み込んでも部屋の広さは6㎡で納まります。

なかでもいちばんくつろげるのがアルコーブです。それは壁面をくぼませてつくったスペースで、そこにベッドを置くのです。天井は低いのですが、本が置ける棚をつくり、一緒に小さな液晶テレビを並べてみたらいかがでしょう。ゆったりと紅茶でも飲みながらアルコーブで過ごす時間は、至福の時間となるでしょう。

質のいいソファ、そして東洋の布団

たとへ足を踏み出したとき、
確かにそこまで行くつもりであつたにもせよ、
途中で安樂椅子に出つくはせば、
遠慮なしにすぐそこで寛いでしまふ。（中略）
かういふ場合、時は頭の上を滑つて行き、
音もなく永遠のなかに落ち込んで、
そのもの寂しい推移を感ぜしめるといふことはない。
——グザヴィエ・ド・メーストル、フランスの作家、
『部屋をめぐつての随想』（永井順訳、白水社）

肘掛け椅子のソフトな感触、マットレスの引き締まった堅い感触、小さな椅子の手

軽さ……。椅子の快適さについて語るときに真っ先に頭に浮かぶ感触です。

私たちは考える存在である前に、「感じる」存在なのです。

あなたの用途に合わせて必要な椅子は3つ。1つ目は背もたれが垂直で頑丈な椅子、デスクで仕事をするための椅子です。2つ目はもう少しやさしい、座り心地のよい肘掛け椅子で、そこでリラックスはしても完全に寝てしまうことのない椅子です。3つ目は横になれる大きなソファ。

ベッドもソファ代わりになりますが、室内でいちばん場所をとるのが間違いなくベッド。従って、狭い空間の中にベッドとソファを入れるのは無理があります。もちろん、ソファベッドというものもありますが、これは意外と重く、一般的に場所をとり、おまけに座り心地が今ひとつよくありません（背もたれの部分が壁面とぴったり合わないことが多い）。

私がその解決策としてコンパクトに住みたい人に提案するのが、座り心地のよいソファと布団を組み合わせる案です。

日本や韓国の布団は軽く、小さく畳むとさほど場所をとりません。私の場合は布団を部屋の天袋に仕舞っています（ちなみに天袋の下の押し入れは執筆用のデスクに改造してあります）。

寝るときに布団をカーペットの上に敷くと、部屋中が大きなベッドルームに変身します。布団のほどよい硬さが椎間板《ついかんばん》ヘルニアを予防し、天気のよい日には外に干して乾燥させることもできます。

布団のサイズはオーダーメイドでいくらでも変えることができます。これで好みのソファを置く場所も確保できるというわけです。

少ないもので生きることを実践するメリットのひとつが、最高のものに投資できる点。肘掛け椅子やソファは一生ものの投資です。じっくりとていねいに選ぶことが肝心です。場所をとらず、座り心地もよく、狭い空間にもぴったり収まるソファを見つけてみましょう。

小津監督がこだわった空間を演出する小道具

◆部屋には何もなく、空っぽで狭いがとてつもなく広く感じる。
炉にはやかんが置かれている。(中略)
男は湯がふつふつと沸く音を聴き、
敷石の上に落ちる雨だれの音に気づく。

――ソフィー・ド・メイラック、ベルギーの作家、『茶室物語』

映画監督小津安二郎《おづやすじろう》に詳しい評論家によると、この監督は映画の各場面に置く茶碗ひとつにまでもこだわり、その1コマに完璧に合うものを見つけるために何日もかけて古物商を物色したそうです。

監督にとっては、もの選びはキャスティング同様に意味のあることでした。部屋のしかるべき場所に置かれた火鉢は、そこに置かれることで「空間」を生みだし、そのものを取り巻く空間または人物を引き立たせる役を担っていました。

「あの人の映画は、1コマ1コマが写真。映画なのに、連続写真っていうか、写真集みたいだ」と、写真家の荒木経惟《のぶよし》が評したというほど、小津監督は完璧な画面構成にこだわっていたのです。

観客は小津が描く作品の空間に招き入れられ、生きることの厳しさや人間の情ややさしさを追体験していきます。私たちは小津の空間から、日常の世界に耳を澄ませること、よく見ることを学べます。だからこそ、小津は、習慣や言葉の壁など軽々と超えて国際的に尊敬されていると思うのです。

6

幸福のために
お金を投資する秘訣

幸福を多く受け取るための感度を上げる

◆樂しむことを知る心を持つ人間に對して、
慈悲深い自然はなんといふ貴い快樂を豊かに與へたことだらう！
また、その快樂がなんといふ變化に富んだものだらう！

——グザヴィエ・ド・メーストル、フランスの作家、
『部屋をめぐつての随想』（永井順訳、白水社）

早朝にカーテンの襞《ひだ》から漏れてくる朝日の細い光の帯、花瓶に挿したシャクヤクの花の甘い香り、北斗七星が夜空を飾るころ、しっとりとした音楽を聴きながらキャンドルライトの下で味わう夕餉《ゆうげ》のワイン。

自分の幸福の一端は自分自身の責任でもあるのです。

人生にあまり多くを求めなければ、私たちのささやかな願いは現実と一致し、上質な「満足感」に生まれ変わります。

贅沢とは、豪邸に住むことでも、本革張りシート装備の乗用車を乗り回すことでも、バカンスにカリブ海のセント・バーツ島に出かけることでもない。これらはすべて表面的で、幸福を保障するものではないことはご存じでしょう。

贅沢とは、まずはほがらかに生きること、軽快に、ゆとりある生き方をすることなのです。

一時一時を充実させ、ゆっくりと、悩まず、無理な要求なしに生きることなのです。

それはときに、旧友とシャンパンをあけて会話を楽しむこと、あるいは深い感動をともなう時間を生きることです。

贅沢とは、型にはまったものではありません。それは反対に、特別な瞬間に表れるものです。住まいの広さに関係するものではなく、むしろ生活にかかわる、ありとあらゆるものに感動する「繊細さ」の感度とリンクしているのです。

生活のレベルをワンランク下げてみる

❖私たちの生きる手段が生きる理由を危うくするのを、そのまま放っておいてはいけない。

――ユベール・ブーヴ＝メリ、20世紀フランスの新聞記者・ルモンド紙創設者

私たちの周囲で、給料が安くて生活が苦しいと嘆いている人をよく見かけます。しかし、そうは言いつつも、私の目から見れば必要以上に大きな立派な家に住んでいる人であったりします。

生活をシンプルにしていくと、自分が本当に必要とするものは想像以上に少ないことに気づきます。豊かさを存分に味わうために、大金持ちである必要もなければ大きな家もいりません。

エレガントに自分らしく、少しだけ消費するコツを心得ておくのです。美しいお気

に入りのものはひとつかふたつもあれば十分。そうです、お金で買えるもので得られるものを「より多く」から「もう十分」に切り替えて、その分精神的な豊かさを増やすほうが得策です。

友人をつくるために毎晩のように外食し、オシャレなバーでお酒を飲むよりも、居心地のよい自宅で過ごす習慣をつけると堅実な経済感覚も磨けます。分相応よりもさらに生活のレベルをワンランク下げることは、健全な考え方という以上に「最高の贅沢」の表現方法なのです。

「金銭病」にかかったリリアーヌ

翼を持たずに生まれてきたのなら、
翼を生やすために、
どんな障害も乗り越えなさい。

——ココ・シャネル、20世紀フランスのファッションデザイナー

健全な金銭感覚がある人には理解しがたいことですが、「金銭病」にかかっている人というのが存在します。お金についての当たり前の理屈がこの金銭病を患っている人には通用しません。でもこのような人たち、兄弟姉妹や友人というように、結構身近にもいるのです。

私の友人リリアーヌは、離婚後、彼女と小さい娘のために、パリに広さ80m^2のマンションを借りました。リリアーヌは仕事で重要なポストについているので、それに見合う住居を、と考えたわけです。

しかし、その住まいに関連してさまざまなコストが生じることに、転居後すぐに気づかざるを得ませんでした。ハウスクリーニング代、そこで開く夕食会などです。もちろん、リリアーヌにとっては分不相応ではなく、実際、彼女にふさわしいものでした。しかし、リリアーヌは貯金ができなくなり、将来への不安が彼女の頭から離

れなくなりました。

そこで、彼女は銀行で借金をし、気分転換のためにバカンスに出かけます。不安を減らすために、借金までしてバカンスに行くような金銭感覚のリリアーヌ。彼女はお金のことで自分が不安になるなど思ってもいなかったのです。

このような金銭病にかかっている人たちには、共通の特徴が見られます。それは、決してケチなのではなく、どちらかと言えば浪費家で金銭感覚が「ゆるい」点です。

このような人たちには計画性がなく、細かい金銭管理も苦手、人生はお金ではないと突っぱねて貯蓄にも関心を示しません。ところが、かなり高収入の人も、定年間近になってもまだ借金を抱え、「あれこれしたいけれどお金がない！」と常時嘆いているのです。

ただ不思議なことに、バカンスや旅行に行く資金は必ず工面し、また、必要以上に広い家に住んでいたりします。

みなさんのまわりにも、必ずこのような人がいるはずです。見回してみてください。

住宅ローンを抱える独身女性へのアドバイス

日本の独身女性の例をひとつあげてみましょう。

その人は恵まれた職場で仕事をしているものの、正社員でないため退職後の年金は微々たるものと言うのです。

さらに、自分用に素敵なマンションを10年ほど前に購入したのですが、まだローンの返済が今後何年も続くそうです。彼女は仕事が忙しいため家にいる時間も少なく、マンションの一室は読む時間のない新刊本で埋まっています。

私は、マンションを売り払うか他人に貸すかして、本人はもっと小さなマンションに移り住むことをすすめました。そうすることで少しでも貯蓄をし、将来の退職後の生活に備えたほうがいいと。広さ20 m^2もあれば現在の70 m^2と同じくらい優雅に暮らすことができるからです。

人生設計の中心に住宅購入を置いてはいけない

❖われわれには生活のリズムを早めるよりも、
ほかにもっとやるべきことがあるはずです。
――マハトマ・ガンディー、
19世紀後半インドの政治指導者・弁護士・宗教家

仕事は、面倒とストレスを生むだけのものと捉える人も少なくありません。

こうした人たちにとっての本当の生活は、アフターファイブと週末ということになります。でも、それさえも疲労困憊で週末は疲れをとるだけで終わってしまうということになりかねません。

もちろん、仕事の成果として大邸宅のオーナーになることは誇り高いことですし、満足感を与えてくれます。でも前にも述べたように、このような自負が、私たちをどれだけ不自由にしているのかについても考えてほしいものです。

お金持ちでないなら、逃れることのできない経済の仕組みにからめとられ、家のローンを返済するというたったひとつの目的のために、日々闘い続けることになるのです。

ローンで購入した家、この家の価格は最初のチラシ広告の価格表示よりもずっと高くなります。銀行の利子、地方税、固定資産税、火災保険さらにマンションの場合は管理費や建物維持積立金などが毎月かかるからです。

チラシ広告では家の価格よりも1㎡でいくら、と表示すればよりわかりやすいのではないでしょうか。税務署はその土地面積で税金の計算をしますし、営繕《えいぜん》業者なども同じ基準で計算しています。

ところで、広い家では、見回してみると、使う頻度が極端に少ない部屋、不用品が詰め込まれているだけの開かずの部屋というのはありませんか？　このような無駄なスペースに支払っている無駄な税金を、試しに一度計算してみてもいいかもしれません。

お客様を泊めるためだけに年間数日しか使わない部屋であれば、ホテルをとってあげたほうが効率的です。

玄関ホールも実は、私たちはそこを通り抜けるだけです。各部屋にはそれなりに家具を置き、飾りつけもしなければなりません。そしてスペースがあれば、必ずそこをもので埋めてしまいます。

そうこうするうちに本来は自分の身の丈に合わせるところを、家に私たちを合わせるという本末転倒なことになるのです。

成熟したものさしを持って、ほがらかに暮らす

其の能を矜《ほこ》れば、その功を喪《うしな》う。

——老子、古代中国の哲学者、『書経』

人間というのは、過去より現在が正しいと思いがちです。だからこそ、成熟した社会になるためには、幸福度というものさしが必要です。そうでないと、経済的な指標に振り回されてしまうからです。

現に、社会はありとあらゆる手段を使って、私たちに、お金を稼ぐことこそが唯一価値ある能力で、成功者に少しでもあやかるようにとけしかけます。

野心も抱かずに自分の運命に満足していることは、社会の目には理解しがたい、受け入れがたい〝弱さ〟に映ります。

真の「幸福の鍵」は、本当はまったく別のところにあるはずなのに、今の時代、目の前に見えることばかりが存在価値のあるものと見なされているようです。

少しだけ過去にさかのぼり、昔の職人の家（大変機能的につくられています）や、もしひとりで暮らすのであれば、小さくとも快適なワンルームで、ミミ・パンソンやMr.ビーンのように、ほがらかに暮らしてみるのも決して悪くはないはずです。

『ミミ・パンソン』とは、アルフレッド・ミュセ原作の詩を1958年に映画化したもので、フランス女優ダニー・ロバンがミミ役を演じています。私はパリ市内の小さなアパルトマンに住む貧しくもほがらかに生きるミミが忘れられません。

一方のMr.ビーンはご存じの方も多いと思います。ローワン・アトキンソン主演のイギリスのテレビドラマで、自己中心的な主人公が周囲に迷惑をかけて笑いを引き起こす伝説的番組。このMr.ビーンも、当初ロンドン市内の低賃金アパートの2階で気ままに暮らすという設定でした。

シンプルな選択から優雅さやセンスが磨かれる

❖白雁は白くなるために水浴びする必要はない。
あなたも自分自身でいること以外に何もする必要はない。
――老子、古代中国の哲学者

「最初の6ヵ月間は誰にも、両親にも、私たちがちっぽけな家に住んでいることを言いませんでした。彼らのリアクションが怖かったからです」

そうネットにコメントしていたのは、アメリカの狭小住宅のオーナーです。


「自分の生活は不完全。家は狭すぎるし、ぼろぼろだし」と思っていますか？

それでも、自分の尊厳を取り戻すために何も御殿に住む必要はないはずです。人間の尊厳とは銀行の預金残高で決まるものではありません。世の金持ちはとても立派な邸宅を建てるかもしれません。でもこの贅沢は人工的であることがほとんどです。

真の贅沢とは、「自由に生きること」です。人に何と言われようと気にしないでいられる自由、社会の規範からの自由、自分自身でいられる自由、自分の生き方、価値観に与《くみ》することができる自由なのです。

そして、たとえ住まいが慎ましくとも、持ち物が自分で最小限に絞り込んだものならば、いくらでもそこに優雅さやセンスを投入できます。優雅さ、センスという価値観は必ずしも金銭と関係するものではありません。

プロのデザイナーによって設計されたインテリアは、「真実さ」に欠けます。残念ながら、そこに住む人の個性やオリジナリティーを反映していないからです。

自分の人生を楽しむために気づきたいこと

私たちは、家庭や学校教育、社会常識、仕事、文化などから知らず知らずのうちに、さまざまな考え方を受け継いでいます。客観的に見てもおかしい家のしきたりや風習なども、もともと「そういうものだから」と疑問を持たないのがふつうでしょう。社会においてもまわりと同じように生きる人が大半で、生まれたときからあるルールを拒絶する人は変わりものと見られるはず。

集団生活というものは、それがたとえ家族のように小さい単位であっても、または一国家のように大きなものでも、往々にして権力を乱用する人、またその権力を利用する人、それにすがるパラサイト的な人をつくりだします。

政治や経済システムも、まるで私たちの自立を阻むために動いているようにさえ見えるのです。世の中の仕組みは、私たちがそれぞれの人生を楽しむことより、生活費を稼ぐことに重点を置かざるを得ないようになっています。また、十分自分で賄えるようなことも、他人に依存するように仕向けてはいないでしょうか?

それは、仕事さえできればいい、あとは、食事ならデリバリーやコンビニ、デパ地下の総菜で、衣類はクリーニング屋、掃除はハウスキーピング、お金の相談は銀行のカウンセラーというように、合理的にサービスは買ってすますという考え方(家事が大好きな妻を見つけるというのが、いちばん手っ取り早い方法なのかもしれませんが)。

とにかく仕事さえあれば、年金の保障さえ整っていれば、人としての存在価値は十分、という論理なのです。

幸福のシンボルはもちろん神聖化された所有物、「広くて美しい家」に象徴され、そのためにみながこぞって長期のローンを組むのです。

「お客様のご希望される家よりもかなり小さめですが、ローン返済期間は半分に短縮できます（支払う利子も当然2分の1に減額されます）」と言って、家の購入をすすめてくれる良心的なデベロッパーや銀行家がいるでしょうか？

「自分の居場所がある」というささえを持つ

❖一日も　我家ほしさよ　梅の花
——小林一茶、江戸時代の俳諧師

以前、私の友人のインド人女性が、「女性にとって家は、少なくとも夫と同じくらい重要なもの」と言っていたのを覚えています。

その頃私は家にはこだわりがなく、彼女の発言に驚きを感じました。今になってみると、彼女が言わんとしていた人間の幸福には最低限の保障が必要だという考えは正しいと言えます。

自分の家のオーナーになることは、それがたとえささやかなワンルームであっても、正当な願いなのです。自分が今住んでいる家のオーナーになるということは、はかりしれないパワーと心の安定を与えてくれます。

扉を鍵で閉め、冬には暖房がある。これは人間が望む本質ではないでしょうか？　私たちは、明日どうなるのかもわからない状態で果たして幸せでいられるでしょうか？　失業しても、財政的な問題を抱えていても、家庭内のいざこざや愛情面での悩みがあったとしても、「自分の居場所がある」とわかっていることだけでも、それは自らの存在意義をささえる柱となるのです。

男も女も自分の家を持ってから結婚する

◆私の人生は楽しくなかった。
だから私は自分の人生を創造したの。

6

幸福のためにお金を投資する秘訣

──ココ・シャネル、20世紀フランスのファッションデザイナー

カップルが結婚するときには、原則として両方の所持品を持ち寄ります。でも私は、所帯を持つ前にカップルは、まず各々が自分の家を持つことから始めるべきではないかと考えるようになりました。

昔、男性は家持ちでなければ妻を娶《めと》ることができなかったと言われていました。これは今もそうであるべきで、さらに理想は、女性も同様に結婚前に自分の家を確保しておくということでしょう。

将来何が起こるのかを教えてくれる人は誰もいません。自分がオーナーでいられる家を持つことは、それがたとえ屋根裏部屋のように狭くても貴重な拠点となります。この家は、突然住む家を失った友人を泊める仮住まいにもなりますし、経済的に困窮している息子や娘の一時的な住居、または賃貸にし、夫婦の老後の生活を少しでも潤し、蓄えの足しにすることもできます。

円満な別居夫婦になってみませんか？

親が、娘の結婚をこれほどまでに強く望むのはどうしてでしょう？　娘の本当の幸せを願うのであれば、結婚相手を願う前に、娘が自立できるような仕事、貯金、本人所有の家が持てることを願ったほうがいいのではないでしょうか？

たとえ大金持ちと結婚しても、必ず悩みは出てくるでしょう。その家への従属を強いられたり、自立を阻まれたりすることもあるのです。


結婚に関して言えば、あまり見かけないかもしれませんが、別居していても円満な夫婦でいられるケースがあります。それは夫婦がそれぞれに独立した生活を送りながらも夫婦でいることです。

もしかするとこれは、夫婦関係を長続きさせるコツかもしれません。

その前提条件としては、おたがいの信頼関係が揺るぎないこと、また毎晩寝室をともにしないことを受け入れ、相手の要求するライフスタイルを認め合う姿勢が必要です。おたがいがあえて妥協を拒むことで、夫婦の関係がより健全に、すなわちバランスのとれた関係になっていくでしょう。

愛を殺さないためにも、それぞれが自分の生きたいように生きることは理想的な解決策なのです。

結婚は幸せになるためにするもの。その逆ではないはずです。もちろん、一方が病気になり、もう一方の助けを必要とするときもあります。そういう場合話は別です。

夫婦が、たとえ初めのうちはゆっくりでも、それぞれが孤独を習得するようになると、今までとは違う新しい世界が現実となってきます。少しずつ夫婦のあり方も変わり、より軽やかで自由な関係が築けるようになってくるのではないでしょうか。

結婚より幸せな愛のかたちを探す

ときには夢を見ることも必要です。そしてそれが実現することを願うのです。

たとえば、男と女がいて彼らはそれぞれに自分専用の小さな家（マンションの一室でも同様）を持っています。その二人がある日恋に落ちました。

男性のほうは、自分の持ち家を売って最愛の女性が住む家の近くに家を買い替えました。こうすれば、女性も男性も会いたいときに会うことで、愛情を深めながらも、それぞれの自立性を保つことができます。

子どもができたら、ときには母親の住まいへ、ときには父親のもとへという具合に行ったり来たり、もちろんすべてがすんなりうまくいくとは限りません。でも、夫婦喧嘩をして家出をしたくなって今夜どこに泊まればいいの？　という心配はしなくてすむのです。

結婚して一緒に住む場合を考えてみましょう。妻でない人に掃除、洗濯、料理、買い物をしてもらう場合、すべてが有料です。

よくよく考えれば経済的に自立した女性にとって、男性と同じ屋根の下で生活するメリットはどこにあるのでしょう？　そして子どもができたら？

本来、政府は法律をつくり、妻が仕事を離れ夫や子どもの面倒をみるのであれば、妻の家事労働（家の維持、掃除、食事の支度、買い物、子どもの世話）に対して、夫がその年収額（税金額が年収に応じて定められるように）に応じて妻に給与を支払うという政策を講じるべきです。なぜなら、その間夫は安心して仕事を継続できるわけですから。

子どもが成長し、独立したあとは、妻は仕事を再開し、自立すればいいのです。

同じ屋根の下で暮らさなくても、十分愛を育むことはできます。結婚し家庭をつくることのメリットは、子どもを守るためだけにあるのです。もし子どもがいないのであれば本当に結婚する必要があるでしょうか？

婚姻に類似する法律、たとえば子どもを授かり、育て上げるまでの期間限定の婚姻制度を定めたほうがより合理的だと私は思うのです。この契約は、たとえば末子が18歳になったときに期限が切れるというようにすれば、夫婦の関係も新しいものになるかもしれません。

婚姻制度をこのように見直すことで、ほかの多くの問題、とりわけ最近多くの国で物議を醸している、ホモセクシャル同士の結婚問題なども解決するのではないでしょうか。

「愛」「いつまでも」という幻想

愛は美しく愛は偉大です。通常、「愛・アムール（amour)」は、「いつまでも・トゥジュール（toujours)」という言葉と韻を踏みます。でもいったい誰があなたにそれを「いつまでも」誓い続けてくれるのでしょうか？

離婚に関する統計によると、先進国のほとんどの国では、夫婦2～3組につき1組が離婚しているのです。なかには、別れたら行くところがないので辛くても一緒にいる、という女性も少なくありません。

ほかにも最悪のケースでは、最愛の男性から見事に裏切られ、子どもを抱えて路上生活を余儀なくされている母親さえいるのです。

相手にそそぐ愛情がどのようなものであっても、感情と金銭を決して混同してはいけません。前にも述べたように、理想はカップル双方がそれぞれ自分の小さな家を持つこと。

ひとりになりたいとき、考えごとをしたいとき、喧嘩をして頭を冷やしたいとき、最悪の場合、関係を断つときにそこにこもることができたら、愛の破綻による悲痛な思いも少しは軽減されるのではないでしょうか？

さらに、どちらも経済的に自立していることが望ましいのです。何よりもそれは相手の「お荷物」にならないようにするためです。夫婦になる前に、各自がそれぞれ

12m²ほどの広さの物件を所有し、家や仕事など、いざという場合に備えて自分の後方を固めておきたいものです。

日本でもバブル崩壊後、配偶者のリストラで夫婦共同で組んだローンのしわ寄せがきたり、子どもの学費を払えない親が増えたように、経済の不安が続くなか、不慮の事態も考えられます。また、離婚や別居をする場合の財産分与の線引きもあらかじめしておきましょう。

精神的な貧しさが幸福を遠のかせる

現代社会で急速に増えているある種の貧しさは、無視できないほど広がりを見せています。それは、読み書きができない、無教養といった知的貧しさと、神秘的な現象を認めない、無関心、無気力といった精神的な貧しさ。

美（アート全般）や自然に対して鈍感な人も、貧しいと言えるのではないでしょうか？

特定の都市建築の美しさや伝統儀式、人のやさしさに感動できない人たち、友だちなんかいらない、という人も貧しい人たちです。

従って狭い住まいに暮らすことは、貧しさの証ではないのです。むしろその反対と言っていいのではないでしょうか。

7

魂を満たす シンプルな生き方

幸せとは、今、ここにあるのです

❖あなた自身の許可なしに、
誰もあなたに劣等感を感じさせることはできない。
——エレノア・ルーズベルト、
フランクリン・ルーズベルト・アメリカ大統領夫人

真の豊かさとは、「調和のとれたシンプルな暮らし方」を自分自身で習得することです。そのために仕事の量を減らしたとしても、その結果減ってしまった収入でもやりくりできること、でもあります。

それは社会的な面のみならず、むしろ審美的、知的、精神的な面において豊かな人生を築いていくことなのです。成功者然として、会う人ごとに名刺を差しだして驚かせるのではなく、優雅に自然体で、てらいなく生きることを尊ぶことなのです。

成功は名誉なことであり、失敗は恥、と考える人がいます。それを道教の始祖である荘子《そうし》は、厳しく非難したと言われています。確かに、成功が誉れで失敗が恥であるわけがありません。

ジーパンを穿《は》き、快適な小さな家に住み、自分が「どこの誰」と証明する必要もなく過ごせることは、自分をよく見せるために肩ひじ張って生きるよりも、どれだけ楽でしょう?

幸せとは、今、ここにあるのです。世俗的な享楽やお金、知名度や豪邸、そして他人の目によって決まるものではないのです。

自分をよく見せたい、という願望を減らす

❖ドアを閉めきって、冬は暖を取るだけの焚きものがあり、静かにパイプをくゆらせる。

何はともあれ、これこそが肝腎だ。
このささやかな要求さえ満たされれば、
どんな粗末な下宿でも心は豊かで、世をはかなむ筋はなかった。
——ジョージ・ギッシング、19世紀イギリスの小説家、
『ヘンリー・ライクロフトの私記』(池央耿訳、光文社古典新訳文庫)

あるインタビューで、女優のアンジェリーナ・ジョリーが、あれほど富も名声も手にしているのに、「ふつうの生活を送るのが夢」と言ったことに、私は彼女の極めて誠実な人柄を見たように思いました。

自分をよく見せたい、という願望を捨て、消費をあおるメディアに惑わされないだけの冷静さと感性が持てるようになると、次のことに気づきます。

それは、心の内面に渦巻くさまざまな欲望の奥底に、透明で自然な空間を本質的に必要としているということです。そこではエネルギーが分散されることもなく、葛藤や打算的な思惑も生じません。

実際にどういうことかと言うと、自分がそれまでに社会的ステイタスを証明するために積み上げてきたものを手放してみると、自分自身と調和しながら生きること、人の目を気にせずに自分の意見を言い、シンプルな選択をしていけることに限りない豊かさを感じるようになるということです。この視点が幸福の秘訣なのかもしれません。

船上で7年間暮らす夢を叶えた夫婦

アメリカ在住のハッバード夫妻は、7年間にわたり、ミシシッピー川をシャンティボートで下り、その記録を一冊の本にまとめました。

シャンティボートとは、ボートの上に小さな居住スペースを設《しつら》えた舟のことです。この夫婦が「貝」と呼ぶそのボートの居住スペースは、大変合理的につくられていて、デッドスペースがいっさいなく、いつも室内は整然としていたそうです。

ある日、夫婦は広大なミシシッピー川をすべて自給自足で下ることを決意します。冬には川が凍るので何度か中断を余儀なくされたことも。また夏には川沿いにわずかな土地を借りて野菜を栽培し、それを常備菜に加工し、長い川下りを続けました。

ここでも、住まいの形態やその空間の広さではなく――、暮らし方を選択したり夢を実行に移すこと、または熱中するものを追い求める姿勢が何よりも大切だと教えられます。

「幸福のお手本」から逃れるために

◆ぼくの精神におのれ自身を弁明させたり、世間の理解を得させたり、
そんな面倒はぼくはかけない、
宇宙の基本法則は言いわけなんかしないはずだ、
(ぼくの振舞いがいくら驕慢《きょうまん》でも、

せいぜいぼくがわが家を建てるとき測量に使う水準儀ていどだ）

ぼくはありのままに存在する、それで充分、
たとい世間が誰も気づいてくれなくたってぼくは平気だ、
たとい誰もが注目したって、それでも平気だ。

——ウォルト・ホイットマン、19世紀アメリカの詩人、
『草の葉㊤』（酒本雅之訳、岩波文庫）

経済活動は、何が何でも私たちにものを買ってもらわなければと、手を替え品を替え攻めてきます。そうしたなか、広い家で生活をしていれば、新しい家電製品から防災用具まで、生活必需品の量も半端ではなくなります。

マスメディアとコマーシャリズムは、このスタンダードな価値観の伝達に決定的な役割を果たしています。「庶民」の幸福イメージとして私たちにひとつのロードマップを押しつけるのです。

理想的な肉体美をどうやって手に入れる？　理想の恋人を見つけるには？　最新のスマートフォンシリーズや新機能のヘルシー電子レンジ、お掃除ロボット、というように。結局私たちも欲望が刺激され、また、時代遅れにならないためにも流行を追いかける羽目になります。

でも、このようなシステムに流されていくと、この既成の「お手本」に対して自分の個性や特徴を見失ってしまう恐れがあります。それではまるでつねに親から選択肢は「これ！」と、決めつけられている子どものようです。

私たちには、自分でものごとを決めていくだけの力が十分備わっています。そのためにも、自立に向けたロードマップを何が何でも見つけることです。

客をくつろがせるカフェのオーナーの振る舞い

◆広い空間は人々を遠ざけるもの。

完全に安らぐ関係とは、好きな場所の限られたサークルの中においてのみ得られる。

――フランソワ・エルテル、20世紀カナダのカトリック司祭・哲学者、『6人の女と男1人』

日本では、窮屈といったほうがいいような小さなカフェをよく見かけます。私がよく行く店は17 m^2あるかないかのスペース。

畳の部屋に低いテーブル2台を囲むようにソファがふたつ並べてあり、照明やインテリアが温かみと詩情に満ちています。ここでは、おたがい知らない者同士でも、隣の客との会話が自然に始まってしまいます。

マスターは大変教養のある方で、カウンターの内側でコーヒーを淹《い》れながら客の紹介をし、自然と話に加わります。

ここは気分転換をするのになんと素敵な場所なのでしょう。この場所の狭さが人と人との距離を縮め、親しみを深める働きをするのです。

部屋が狭いと、知らない人とでも実に楽しい時間を分かち合うことができます。私たちは「相手の話を聴く」ことで親しくなるものです。すると、距離感は自然に消滅します。もちろんその輪の中に、自己顕示欲の強い人がひとりでもいると話は別ですが。

住まい方にその人のすべてが表れる

人を理解するためには、その人の話しぶりや身なり、社会的ステイタスよりも、その人の住まいを見るのがいちばん、その人となりがひと目でわかります。

その人らしさが、部屋の配置、散らかりよう、家具の選び方など、その場が醸しだしている雰囲気から伝わってくるからです。

その人が家で見せる立ち居振る舞いはどうでしょうか？　まめまめしく食事の支度

をする姿、ゆっくりコーヒーを淹れる仕草などが、その人の価値観、センス、順応性の高さ、寛容さや見かけにこだわる人なのか否かを表します。

人を知るためにはその人の家で1時間過ごすほうが、外で10年間つきあうよりもよくわかるのです。

人生の役割でまとう衣装の下の自分を見直す

看脚下《かんきゃっか》
（自分の足元を見なさい）
――禅の教え

幸せとは依存せずにいられることです。誰にも、何にも。
たとえば鼻持ちならない上司、不機嫌な連れ合い、ブルジョワ的なサークルに「馴染めない自分」……。

反対に、幸せになるには自由に生きることです。自分が住む場所を自ら選ぶ自由、つきあう友や交流関係を選ぶ自由です。人間関係は本当に自分が好きな人、自分を人間的に成長させる人に限定して淘汰していくといいでしょう。

私たちは人生の途中で、さまざまな衣装をまといます。豪華な王妃のドレスを身につける人もいれば、僧侶の衣や大企業の社長のスーツに袖を通す人もいるでしょう。ただ、これらの衣装を脱ぐとみな同じ裸なのです。

このようなうわべだけの変装を最大限に取り去ることで、私たちは自分自身を見つけ、本当に身の丈に合った住まいと生活を見つけることができるのです。

人生は「一直線」ではないことに気づく

◆私たちは踏みなれた生活の軌道から放りだされると、

もうだめだ、と思います。
が、実際はそこに、
ようやく新しいものが始まるのです。
生命のある間は幸福があります。
――レフ・トルストイ、19世紀ロシアの小説家・思想家

人生は「一直線」なものだと思わせられていることに、早めに気づいてほしいと思います。

この人生、実はいろいろあるのです。

たとえ住まいが質素なマンションの一室であっても、そこでの生活が好奇心と活気に満ちあふれるものであれば、広い空間の快適さも太刀打ちできないでしょう。

金銭はものを買うためにだけあるのではありません。実際、「自分の生活にはいくら必要？」と自問してみるといいでしょう。その余剰分を、今まで封印されていた夢を実現させる資金にしてみてはいかがでしょう？

軽やかな心をつくるために隠居する道教信者

❖静かに伝統的な音楽が流れる中、
小さな器で中国茶をひとりで、または愛する人と一緒に飲んでいると、
昔の淡々とした日々が郷愁とともに蘇ってくる。
すると都市生活のわずらわしさを忘れられるのだ。

——パリ・ギメ美術館、『1000年の歴史を持つ飲み物——茶』
展覧会での展示パネルの一節

今日、私たちの文化では孤独はほとんどタブー視されています。しかし、孤独を崇拝の対象としているいくつかの文化や哲学もあります。そのよい例が道教です。しかし、道教信者が人生の活動期にひとりで過ごすことはしません。道教信者になるためには、儒教的な生活を送ることが鉄則だからです。

祖先に恥じぬよう家庭を築き、子どもをつくり、社会的地位を築きます。そして定年を迎える時期に、よき市民、よき親、よき伴侶としての「務めを納めた」と感じたときにすべてを離れ、自分のことに没頭できるようになるのです。

そういう人たちは、ひとりで生きるために山奥に隠居します。そこで書道や絵画、太極拳、呼吸法、瞑想、茶道に興じるのです。

彼らの目指すことは心身をできるだけ長く（永久にではなく）よい状態に維持し、意識を研ぎ澄ませ、死期が訪れても後悔なく逝くために離脱した軽やかな心をつくり上げることなのです。

ですから、長く生きることを特に願っているのではないのかもしれません。彼らにとってはそれよりも、輝くばかりの健康と、ものに動じない精神、ほがらかな身軽さで生きていくほうが大切なのです。

生命エネルギーの師と言われる人々

道教信者と接触した経験のある人たちは、口をそろえて言います。新しい幸せのかたちを見つけて人生の生きがいを再発見するためには、彼らのもとで数日間生活するとよいと。

ある民俗学者が出会った熱心な道教信者たちは、物質的なつながりをことごとく断ち、山奥の小さな村に点々と建てられた小屋に隠居していました。住まいは簡素でしたが、彼らはとてもほがらかな人たちだったそうです。

生命エネルギーの師と言われている道教信者は、出家後、象徴的な装飾品数個、生け花、盆栽、掛け軸といったものを小さな住居に飾る程度で、周囲を押しのけて出世街道を上り詰めることや、周囲を威圧したり、魅惑するために生命エネルギーを使うことをよしとしません。

道教信者に限らず、この知恵を身につけた人はほかにも大勢います。大都市で独居生活する人の中にも、信じられないほどのパワーと、道教信者にも見られる清々しさとほがらかさを持ち合わせている人を見ることがあります。

彼らにとっての幸福とは、自分をわきまえること、ただそれだけのことなのでしょう。

日本のお年寄りに教わった品格のつけ方

外は雪　内は煤《すす》ふる　栖《すみか》かな
——小林一茶、江戸時代の俳諧師

日本のお年寄りに接して教えてもらったことがあります。
彼らは出しゃばらず、自分の身分を隠し、目の前にいる人が劣等感を抱かないように振る舞います。

食事は腹八分目。レストランで、お年寄りがウェイターにあらかじめご飯を半分にしてください、と頼んでいるところを日本ではよく見かけます。

お金を使わずにできる最大限の工夫をし、とにかく無駄をしない。そういう人たちは何でもすり切れるまで使い、当たり前のように節水節電に励んでいます。

これは倹約というよりはむしろ美徳によるものでしょう。

余談ですが、女親は未亡人になると、子どもの家で小さくなって暮らすか、子どもがいなければ小さなワンルームに引っ越します。このような人たちは広い家にひとりで住むことは、もったいないと考えるのです。

こうした清貧という、ある意味厳しい生き方を当たり前として暮らしているお年寄りたちに接すると、日本人の精神性の深さを垣間見る気がします。

清貧から与えられる感動は、茶の湯の儀式、職人の技、日本の伝統的な調理法においても感じられるものです。

この清貧を実践する人の目には、快楽主義はエゴイズム、悪徳の源と映るのでしょう。この自制の精神が簡素さを快いと思わせるのです。これは自らを卑下するどころか反対に品格につながります。

みながこの生活態度を取り入れたとしたらどうなるでしょう？　各自が賢くつましく生きることを選択したら、たとえこの生き方を実践する人が人口の5分の1だけであっても、世の中は間違いなく変わるでしょう。

一杯のお茶を売り、道を説いた老人

フランス国立極東学院所長フランソワ・ラショーの著作『茶を売る老人』は、18世紀の禅僧、売茶翁《ばいさおう》を主人公としたノンフィクションです。売茶翁は理想のままに生きることを信条とした当時の「マージナルマン（境界人）」のひとりです。

その頃、僧侶たちはきらびやかな法衣に身を包み、位が上がるのを栄達の証としていました。しかし売茶翁は、「果たして私に袈裟《けさ》を着て人々の布施を受けるだけの資格があるだろうか？　これほど恥ずかしいことはない」と法衣を脱ぎ、俗人の恰好をして京都の人通りの多い道端で、わずかなお金と引き換えに通行人に茶を淹《い》れて振る舞うようになります。

売茶翁は茶が単なる飲み物ではなく、自分自身を知るための道しるべになること、そして人間の虚栄心を映す鏡にもなると教えます。こうして道行く人たちに茶道を通して禅の教えを説いたのです。

それは、ローマ時代の哲学者ルキウス・アンナエウス・セネカ（小セネカ）の著書『幸福な人生について』でも触れている、「理想的で穏やかな人生」に通じる生き方でした。

売茶翁自ら、侍に見られるスパルタ精神に似た節制と倹約を重んじる生き方を実践していました。それは政治を避け、利己心を捨て、集中力を高めるために毎日黙想し、ほかの人たちのために働き、自分はほんのわずかなもので満足する生き方です。

とはいえ彼は禅の教理に反して、「超越などしなくてもいい、ただ人間らしくありなさい」と周囲の人たちに説いたと言われています。

貧困にあえぐ人たちが励まされ、辛い状況を乗り越えていく助けとなった売茶翁の生き方には、洗練された優雅さを感ぜずにはいられません。このように一風変わった「マージナルマン（境界人）」は、その貧相な面持ちの下に、知恵と慈しみあふれる師匠の眼差しを隠していたのです。

世の中の常識に押し流されない生き方

2月の初日に雨と寒さの中
窓はことごとく目張りし、戸も閉じて
暖炉を前にし、私の小さな部屋で私は茶を淹れて温まる。
中庭の水溜りはそのままにしてください。

私はそこに雨粒が、丸い輪を描くのを見るのが好きだから。

――楊萬里《ようばんり》、南宋時代の中国の詩人

社会の流れに馴染めず、現実社会への参加を拒否する「マージナルマン（境界人）」というのはどの時代にでもいるものです。日本においては、1960年代のヒッピー族、さかのぼれば江戸時代には多くの詩人、隠遁者《いんとん》、または変わり者と呼ばれた人たちが見られました。

売茶翁の社会の価値観や規範に一線を引く姿は、画一化された社会に抗う新ヒーローとして18世紀当時の文化人に深く影響をおよぼしたといいます。

日本ではこの時期、僧侶、詩人、芸術家の多くが、俗世間から隠居し、香道《こうどう》、茶道、書道といった洗練された楽しみに没頭しています。なかには自分のつましい住みかの詳細な説明をしている者もいました（どこに住み、書き物にはどの紙を用い、茶道具は何を使い、という具合に）。

このような一見変人のような人も単なる趣味愛好家とはほど遠く、世間の主流に押し流されずに自分をまず一個人として確立させ、孤独、不便、そして厳しい生活も覚悟のうえで自ら進んで世捨て人となっていたのです。

彼らは偽物の幸福、空虚で無意味な人生の錯覚に陥ることのないように、同じ時代を生きる人たちをただただ傍観していました。

このような生き方は今日でも見られます。

日本では、今日でも個人主義は、それ自体、常軌を逸した生き方として捉えられる傾向があります。

8

引っ越しという人生の賢い選択

幸せになる住み方は歳月とともに変わる

❖私はどこでも生きられる。

美しい家だから私はそこにいるのよ。

——マリ・ポール・ドゥセ、フランスの新聞記者・エッセイスト

理想の住まいは存在しますか?

この問いにはイエスともノーとも答えることができます。

確かに、住まいと決めたその家は、その人にとってそのときには理想の家なのでしょう。でも人はその長い生涯のあいだにさまざまな変化に遭遇します。

理想の住まいは、そのときの自分の必要に合致する家なのです。

シンプルに考えてみましょう。それは広さかもしれないし、環境、またはそれが与える感動であるのかもしれません。

しかし、子どもの自立や別離、伴侶の死、年金生活などによって家の維持が財政的負担になる、または近隣が過疎化し買い物や病院通いが不便などという理由で、今住んでいる家が自分の必要に合致しなくなるときが訪れたりします。

そのときこそ住み方を変えるべきなのですが、それができずにいると、悲劇になる場合があります。

住み慣れた家を離れたがらないでいるうちに、老い、動けなくなるという人が大勢いるからです。

身にまとう服と同じように、住まいの場合も、自分の身の丈に合わなくなった家に暮らしていくことほど、不自然で不自由なことはないのです。もはや「わが家」でなくなってしまった場所で、アイデンティティを見失い、かつての自分のものさしが通用しなくなり、自分が何をしたいのかさえもわからなくなって途方に暮れてしまうのです。

考え方が柔軟であるほど苦しみは軽くなる

◆すべては変わるよう運命づけられている。

——ベナード・アイグナー、アメリカのシンガーソングライター、『エブリシング　マスト　チェンジ』

「永久なものは何もない、すべてが変化していく」

このことは決して忘れてはならない知恵です。

考え方が柔軟であればあるほど苦しみは軽減されます。変化に順応できることがよく生きるためのポイントです。それ故に、介護や定年、老いといった人生の流れに私たちが巻き込まれる前に、それに対応するための冷静さと勇気を持たなくてはならないのです。

あきらめてはなりません。変化を恐れたり、自ら選択した人生の舵とりを投げだしてはなりません。

いちばん大切なことは、つねに新しい視点で、人生のさまざまな局面で遭遇するものごとを見ること、その見る目に冷静さと柔軟性を持たせることだと思います。

しかし、違った目で「見る」だけでは駄目です。その後「行動に移す」ことが重要です。

人生の変化の前で固まらないでいるために

「真の道は何でしょうか?」

と弟子が訊ねると、師匠は答えます。

「ものごとの道理を鋭く感じとること」

——禅問答

臆病な人とはどういう人を指すのでしょう。

それは自分をコントロールできない人です。恐れをなすたびにそういう人は追い詰められ、何が欲しいのか何が必要なのかをうまく表現できないまま固まってしまいます。臆病であるために、恐怖が芽生え、人生が投げかけてくる重要な問題に正面から向き合えないのです。

変化を恐れることは危険なことでもあります。若い頃は変化に柔軟で、変化はやる気の源にもなったはずです。しかし年とともに変化に対して慎重になってくると、思考はかたくなになり、終いには何もやる気を起こさせない無気力に支配されていきます。

誰も、現在の生活をあなたに強制しているわけではありません。「自分の居場所」を好きな場所に設けることは、それを望みさえすれば誰にでもできることなのです。同様に、人は人生のどの時点でも友人をつくることができます。その代わり、自分が明るく好奇心に満ちていることが条件です。

オーストラリアのことわざでは、「退屈な人だけが退屈する」と言っています。

子どもが巣立ち、家が空になったときの決断

住まいのかたちは、そこに住む人の生活スタイルに合ってこそなのです。ですから、人生のさまざまな状況に合わせて変えていくべきで、そうでなければ意味をなしません。

家族4人が住むための家は、それが夫婦だけになった暁にはもはや適していないことがわかります。そのときこそが転居を考える時期なのです。そして夫婦二人のための住まいを考えるのです。もちろん、子どもや来客用の臨時の部屋をひとつ設けるようにしてもいいでしょう。

最初の家を処分するタイミングで必要のない家具、食器類、そして金銭を子どもたちに分け与えるのです。

この案に子どもたちが「待った！」をかけることも考えられます。彼らは家族で過

ごした家を「とっておきたい」と考えるからです。でもこの要求は子どもたちの必要に合っていないばかりか親の必要にも適していません。感情的な問題はときとして合理的な判断とは相反するのです。

パートナーとの別れで自分の人生の終わりにしない

一緒に年を重ねてきた夫婦にとって、もっとも辛い試練となるのが配偶者との永遠の別れでしょう。

残されたほうは、連れ合いがまだそこにいると信じて生きていきたいと願います。そのお気持ちは痛いほどわかります。でもそれは、理性的な判断とは言えないでしょう。

思い出だけが残る場所に住み続けたとしても、亡くなった人が戻ってきてくれるわけではありません。別離が辛いものであればあるほど、その後の変化を徹底的に行うことをおすすめしたいです。

この変化が、その後の生きがいとなってくれる可能性も大いにあります。「今後は自分自身のために……」それ以外は考えられないのですから。

小さな賃貸マンションにでも引っ越して、部屋を好みにレイアウトし、習慣も変えてみましょう。亡くなった人を慕い、茫然と日々を過ごすことよりも、一歩前に進む元気を授けてくれます。それに、孤独は狭い空間のほうが耐えやすいのです。

そして、少しばかり周囲を見回してみてください。夫を失ったあとの女性たちが、しばらくすると嬉々として力強く生活をエンジョイしているところを見てほしいと思います。

とりわけ一世代前の女性たちは、男たちがいなければ何ひとつできないと蔑《さげす》まれ、男性の陰で生きてきた世代です。ところが、ひとたび未亡人となると、彼女たちは見事に自分の生活を立て直します。

古い家を売却し、庭つきの小さな家に買い替える、または小さなマンションに引っ越す、というように。そうして、周囲の人たちを驚かせるくらい元気になっていくのです。

夫婦生活を手放したあなたに訪れる新しい朝

◆過去は変えることができないが、自分の未来は変えられる。

本田圭佑、日本のサッカー選手、2014年4月のNHKインタビュー

一緒にいても幸せを感じない人と離れられない人が多いのには驚かされます。でもそれは、将来への不安と世間の目を気にしてのこと。また、誰かと縁を切ることは、自分の居場所までも捨てることを意味する場合が多いからです。

自分が断念すべきことを思いきって手放すと、そこにほかの豊かさが芽生えてきます。夫婦生活があなたの人生の不幸の原因ならば、その決断を遅らせることに何の意

味があるでしょう？　自分の人生を自分の手に取り戻すために、すべてを断ち切った人たちの勇気をあなたも持つべきです。

引っ越しを決断して見つけた住みかが、かなり窮屈であっても、縁を切ったあとそこで生活していくうちに、それまでの出来事に納得できないままでも、次第に取り乱した心が鎮まってきます。すると、ある日何とも言えないフレッシュな解放感とともに目覚める朝がくるのです。

人生を立て直すのに遅すぎることはない

人生を立て直すのに遅すぎることはありません。過去の関係を断ち、自分だけの小さな住まいに移り住むことで、私たちは年とともに増してくるさまざまな幻想、恐怖心、心身の衰えを忘れられます。

この小さな「鳥の巣」のような場所が、かつての自分の家とはまったく異質なものであったとしても（今までの思い出や家具がないのですから当然ですが）、そこは自分が存在していくうえで、「誰のものでもない」場所となり、まったく未知だからこそ生き生きとした未来を思い描くことを可能にしてくれるのです。

新しい住まいは、自分の過去をそのまま受け止め、それを今後の人生とはっきり線引きするきっかけになります。新しい住まいとは、新たな人生のスタートを意味するのです。

そこはプライベートな空間、ほっこりと包み込む巣のような自分だけの空間となるでしょう。新しい「巣」を創造することで、あなたの新しいアイデンティティも定まってくるのです。

「現在を生きること」を邪魔する過去の自分

❖過去はわれわれを悩ませ、未来はわれわれを恐れさせる。それゆえに、われわれは現在を取り逃すのだ。

――ギュスターヴ・フロベール、19世紀フランスの小説家

ときに、過去が「現在を生きること」を邪魔する場合があります。過去を消してしまうと、現在は生きやすくなります。「私たちは過去の産物ではあるが、過去を必要とはしない」と、アメリカの文化人類学者カルロス・カスタネダは述べています。

「悟り」を開いたと言われる人たちを見ると、共通しているのが、自らの過去に執着していないという点です。

彼らは、今まで自分たちの人生を定義づけていた過去のものごとに頼らないこと

で、自由を習得しています。もちろん、彼らの過去を形成する人々や事件が現実のことなのは認めていますが、現在が別の現実であることも承知しているのです。

未来に関しては、ただ心を開くのみ。未来に向けて気持ちをオープンにしましょう。未来を想像してみましょう。そこであなたに見えていることが、現実のものとなるかもしれないのですから。

時間を大切に考えるなら「経験」にお金を費やす

最近、生活リズムの「ギアチェンジ」をし、稼ぎを減らし、ある程度の贅沢をあきらめてでも、あるいは狭い住まいに変えてでも自分たちの時間を増やしたいと考える人たちが徐々に増えてきたように感じます。

実際にそうした人たちを知っていますが、後悔している人はほとんどいません。

この人たちは、金銭がものを買うためだけでなく、教育（こればかりは誰も盗むことができません）や安全、知識、安らぎ、健康、そして何よりもさまざまな経験を手に入れるために使うべきであることに気づいた人たちです。

リフレッシュ休暇をとってキャンピングカーで、たとえばラテンアメリカを周遊する旅にでも出かけてみてはいかがでしょう？　そこではさまざまなタイプの人との出会いが待っています。このような人たちは、あなたと同じ選択をした人たちです。そして彼らの「基準」がまもなくあなたの基準となることでしょう。

引っ越しで見直す人生の優先順位

1889年、17歳のとき、祖父はスウェーデンに家族と友人を残して単身アメリカに渡りました。

彼は自分の持ち物すべてを小さな木製の箱に詰めました。

今日、私はこの古い木箱をデスクの近くに置いています。

私自身旅はあまりしませんが、納屋にトランク2個、旅行鞄3個、寝袋3つ、キャンプ用テント2個ほど持っています。

これらのものはこの小さな木箱には到底納まりません。

ピクニックに行くものを詰めるにしても小さすぎます。なぜでしょう？

私にはこれに必要な身軽さが、
旅に必要とされる「光明」が足りないからでしょうか？


——フィリップ・ハーデン、アメリカの作家、

『シンプルに旅する（トーマス・マートン、芭蕉、エドワード・アビー、アニー・ディラード、そのほかの人たちの身軽な旅から）』


確かに、引っ越しには、多かれ少なかれハードルがあります。というのも、引っ越しとは、思い出の詰まった家、景色、散歩コースや庭いじり、ご近所、行きつけの商店などを去ることだけではないからです。

苦しいことがあって引っ越したいと思っても、引っ越しはさまざまなこととさよならすることになります。

でも、本当の「わが家」とは、その住まいの持つ雰囲気や安らぎであることを私たちは忘れています。

それはある匂いだったり、ナイフとフォークのしまい方だったり――、転居先がどこであれ、いつもの習慣、自分のお気に入りの少しの家具、壁に掛ける絵、本、友の訪問さえあれば、あなたは「わが家」にいるのです。

小さなワンルームにカーテンとベッドカバーを新調し、音楽を流してバラの花をテーブルに飾ってみてごらんなさい。新しいあなたの住まいは、過去の辛い思い出を引きずる、かつての家にはなかった温かさを提供してくれることでしょう。

引っ越しは再生の秘薬、自分にとっての優先順位を見直す機会となります。さらに、より快適な終《つい》の棲家《すみか》を見つけることや、自分の過去と現在を整理し、過去の不幸な出来事を一掃して本質に立ち返ることを可能にしてくれます。

美しい環境で住むと、少ないもので満足できる

人を悩ませるのは、人生の厳しさではありません。「退屈」と「不満」なのです。暮らしてみたいと思う場所を決めるときは、ぜひ、場所の広さよりもその住環境の条件を優先させましょう。そのほうがエネルギーと生きる喜びが大きなものとなります。家を取り巻く環境が、あなたの新しい生活の場となるからです。

それが小さな家でも素晴らしい自然に囲まれていたり、都心の2DKでも特別な眺めが見られるとすれば、退屈はしません。

さらに、美しい環境に住むことは、物欲抑制効果が抜群です。本当に少ないもので満足できてしまうのです。自宅の近くの通りを散歩する、たったそれだけでも楽しみの欲求が満たされます。それが、公園、素敵なアベニュー、海岸、山だとしても、あなたの環境の範囲内にあれば、それはあなたのものです。

死ぬまで自由でいるために年齢に合った家を選ぶ

家が、私たちに家を慈しみ、認めるように求めてくるのは、私たちが自らを慈しみ認めるようになるためなのです。

――フランソワ・ヴィグルー、フランスの作家・心理学者、『家の魂』

自宅とは、まずは自分の「ちょっとした習慣」を誰に気兼ねすることなく自由にできる場所です。

自分流のコーヒーの淹《い》れ方、お気に入りのカップ、自分のベッド、自分の肘掛け椅子、決まったテレビ番組……。これが、たとえば老人ホームやそのほかの施設においては集団生活を強いられ、時間割りやルールが決められているところでは、思いどおりにはいきません。

そういう自由の利かない場所に追いやられる前に、まだ冷静さと発言権（子どもがいる場合）、パワーがあるうちに、自分の老後設計を決めておきましょう。具体的には、現在の「自宅」をほかの場所に移転させるのです。

引っ越し業者と子どもたちに、たとえば、「この絵画とこのアンティークの机はとっておきたい」とはっきり伝えておきましょう。というのも、その選択の余地がなくなる日がくるかもしれないからです。

小さな家と交換に今まで住んでいた大きな家を売却し、その差額で移り住んだ家を老後に備えてバリアフリーにリフォームするという手もあります。壁づたいに手すりをつけ、浴槽はまたぎやすいものにし、シャワー用にシャワーチェアを置き、洗面台は車椅子でも使用が可能なものに取り換えるとよいでしょう。

死について考え、濃密な時間を生きる

誰しもいつかは死ぬということを誤魔化さずに正視し、冷静に捉えることが、人生をより充実させる道です。

自分の老後を思い描き、死を意識するのは自然なことです。死を正視することにより、残された人生をしっかりと濃密に生きられるようになるのです。

これは大切な時間を無駄に費やさずに生きることを意味する、「生きることの緊急性」(l'urgence de vivre)という言葉を思い出させます。この「無駄なこと」にはもちろん、余計なものや居住スペースの広さも含まれます。

小さな暮らしは老後にも安心感を与える

❖先延ばしをしているうちに
人生はどんどん逃げ去ってしまうのだから。
——セネカ、ローマ時代の政治家・哲学者・詩人、
『ルキリウスへの手紙／モラル通信』（塚谷肇訳、近代文芸社）

階段を踏み外して転倒する、肘掛け椅子から窓まで、風呂場から寝室までの歩行も困難になる……。年をとるとこのような問題が必ず出てきます。

高齢者の生活には、住まいが狭ければ狭いほどよいと私は思います。広すぎる住まいでは、身心の衰えが表れだしたら、できると思っていたことも難しいでしょう。

家が広いと探し物も多くなります。記憶が定かでないと、今度は人のせいにして盗ったの盗られたの、という話になっていきます。また、高齢者をターゲットにした犯

罪にも巻き込まれるかもしれません。

ご高齢の方がひとりで広い家に住むよりも、小さな都心のマンションに住み、さらにご近所に知り合いがいるとより安全です。

このようなひとり暮らしの高齢者のなかには、朝食を喫茶店のモーニングですます人たちがいますが、これは安否確認になります。朝、そのお年寄りがモーニングを食べに店に現れない場合、すぐ確認をとることができます。

日本では人口の4分の1が65歳以上と言われています。そこで最近定年退職した人たちのあいだで流行っている現象が、「ホームダウンサイジング」というものです。これは、2階建てを平屋にするなど、住んでいる家のサイズを小さくして階段の上がり下りを省き、家の維持も簡単にし、光熱費や固定資産税の無駄を省くことが目的です。

田舎に帰らずパリで楽しく暮らす87歳の婦人

◆幸福に関して言えば、ここ数世紀間にわたっては
さほど大きな変化は見られませんでした。
この分野における私たちの理解があまり進歩せず、
この得難い状態に到達する方法について、何も学んでいなかったのです。

――ミハイ・チクセントミハイ、20世紀アメリカの心理学者、『生きる』

私がまだ30歳になったばかりの頃、当時私と同じようにニューヨークに住んでいたノルウェー人の友人の意見が、とても新鮮だったのを覚えています。
彼がアメリカ人女性と結婚していたので、ノルウェーの田園風景や雪が懐かしいのでは？　将来的にはノルウェーに帰りたいでしょう？　と尋ねたところ、彼はこう答えたのです。

「若いときに田舎に住むのはよいけれど、年をとったら街中に住んで何でも身近なところにあるほうがいいよ、街の賑やかさも刺激になるしね」と。

当時、私はこうした観点で人生を捉えてはいませんでした。

かつての私のパリのアパートの隣人は、ワンルームで暮らしています。地方都市に住んでいる娘さんが、自分の家の近くに引っ越してくるようにと再三言ってくるにもかかわらず、87歳になる彼女はそれをずっと拒み続けています。

彼女は、パリの街中を毎日2時間ほど散歩するのを楽しみにしているのです。その溌剌《はつらつ》とした生き方は、傍で見ていても気持ちのよいものです。

「地方の田舎の町に行って私は毎日何をして暮らすの？　私はつねに街中に住んでいたのだから。私の安らぎはピンク色の壁紙の小さなワンルームなのよ」と彼女はほがらかに語ってくれました。

小さな終の棲家を購入した夫婦の楽しみ方

ある夫婦は、結婚当初から広めの家に住み、その家を心から愛していました。ところが年齢が進むにつれて、もうその家に長くはいられないと悟り、自分たちの貯えで彼らの家のすぐそばに、こぎれいなマンションの一室を購入しました。

彼らは定期的にこの小さな住まいに行き、自分たちの好みのレイアウトにリフォームをしています。

この夫婦は生き生きとしています。将来的に彼らは老人ホームではなく、この小さな部屋に住むことになるとわかっているし、毎日その家が少しずつ自分たちの家らしくなってきているからです。

「明日は明日の風が吹くわ」と微笑む老婦人

◆真の人間の個性とはなんと素晴らしいもの。
――もちろんそれが自分のものとなったときだが。
それは花のように自然にシンプルに成長していき、
知識を気にすることなくすべてを理解する。
それは知恵であふれ、その価値は所有するもので測られることもない。
それは何も所有することなくすべてを所有してしまうだろう。
さらに取り上げられたものまでも所有し続けるので
ますます豊かになっていくのだ。

――オスカー・ワイルド、19世紀アイルランド出身の詩人・作家・劇作家

京都の小さな骨董品屋のオーナーである80歳の女性が、最近引っ越しました。

「主人が6年前に亡くなりました。私たちには子どもがおりません。私はついに家を売ることにし、廃品回収業者に家具いっさいを渡して処分してもらったんです。そうしたら、なんだかホッとしました。今たった6畳の小さなアパートを借りていて、とても快適です。自分専用のベッドもあるのよ！」

彼女はうれしそうに語ってくれました。

自分の年齢、必要に見合った生活を選択し、生活をシンプルにしていく彼女の知恵を私は素晴らしいと思いました。

彼女は微笑みを絶やすことなく、こう締めくくりました。

「自分でできることはできるだけやっていき、あとはなるようにしかならないわね、明日は明日の風が吹くわ」

おしまいに

◆私は気ままに生きる、
御殿に私の欲しいものは何もない。

垂れ幕を引き、土間を掃き清め、日中私は香を焚く。

これこそが私の贅沢。

——陸羽《りくう》、中国唐時代の文筆家

物質的なものすべてを、人間の尺度に戻しましょう。

大きな家を小さな家に、大型車を小型オープンカーに取り替えてみる。

田園風景の中をドライブし、ワイナリーの丘で秋の日差しを浴びながら、ランチをいただく。このような生活を本当の人生の楽しみと呼ぶのです。

私たちはみな、東洋人に限らず内面のどこかに道教あるいは儒教的な部分を持ち、それを内心認めています。そしていちばんよい生き方が「中庸《ちゅうよう》」を生きることである、ということも。

それはほどよく思慮分別をわきまえ、行動と怠惰が完璧に均衡し、貧しさと豊かさ、重厚さと軽快さ、真面目さと奇抜さ……のちょうど真ん中を生きることを指します。そしてこれこそが、平凡な人生のもっとも健全で理想的なかたちなのです。

「シンプルに生きる」ことで世の中を変えようと思うこと自体、ユートピック、空想的と思われるかもしれません。でもユートピア（理想郷）を思い描くからこそ希望が生まれるのではないでしょうか？

2014年12月　クリスマス休暇、両親の実家にて

ドミニック・ローホー

著者

Dominique Loreau ドミニック・ローホー —— 著述業。

フランスに生まれる。ソルボンヌ大学で修士号を取得し、イギリスのソールズベリーグラマースクール、アメリカのミズーリ州立大学、日本の仏教系大学で教鞭をとる。アメリカと日本でヨガを学び、禅の修行や墨絵の習得などをとおし、日本の精神文化への理解を深めてきた。フランスはもとよりヨーロッパ各国でも著書がベストセラーに。『シンプルに生きる』(幻冬舎)、『シンプルリスト』『「限りなく少なく」豊かに生きる』(ともに講談社)ほか、日本でもその著作は大きな支持を得ている。

訳者

原 秋子 はら・あきこ —— フリーランスのフランス語通訳翻訳家。

東京に生まれる。父親の仕事の関係で小中学校時代をフランスで過ごし、留学先グルノーブル大学にてフランス語教師資格を取得。帰国後、神戸ステラマリスインターナショナルスクールにてフランス語を教える。1986年度通訳案内業国家資格取得後、数多くの通訳・翻訳の仕事を手がける。

屋《や》根《ね》ひとつ　お茶《ちゃ》一《いっ》杯《ぱい》

魂《たましい》を満《み》たす小《ちい》さな暮《く》らし方《かた》

2015年1月15日 第1刷発行

著者 ドミニック・ローホー

訳者 原《はら》 秋《あき》子《こ》

発行者 鈴木 哲

発行所 株式会社講談社

東京都文京区音羽2-12-21　郵便番号 112-8001

電話　編集 03-5395-3532 販売 03-5395-3622 業務 03-5395-3615

ブックデザイン albireo

イラストレーション 北住ユキ

印刷所 慶昌堂印刷株式会社

製本所 株式会社国宝社

落丁本・乱丁本は、購入書店名を明記のうえ、小社業務部宛にお送りください。送料小社負担にてお取り替えいたします。なお、この本についてのお問い合わせは、生活文化第三出版部宛にお願いいたします。

ISBN 978-4-06-219342-9　定価はカバーに表示してあります。